T0157530

Printed in the United States
By Bookmasters

أساليب تدريس

اللغة العربية

الدكتور محمد علي الخولي

طبعة ٢٠٠٠م

الناشر: دار الفلاح للنشر والتوزيع

ص. ب ٨١٨

صويلح ١١٩١٠

الأردن

هاتف وفاكس ٥٤١١٥٤٧ -٠٠٩٦٢٦

طبعة ٢٠٠٠م

الناشر: دار الفلاح للنشر والتوزيع

ص. ب ٨١٨

صويلح ١١٩١٠

الأردن

هاتف وفاكس ٥٤١١٥٤٧- ٠٠٩٦٢٦

رقم الإجازة المتسلسل لدى دائرة المطبوعات والنشر ١٩٩٧/٦/٦٩٧

(ردمك) ISBN 9957 -401 -19 -3

رقم الإيداع لدى دائرة المكتبة الوطنية

(١٩٩٧/٦ /٧٩٠)

رقم التصنيف : ٤١٠،٧

المؤلف ومن هو في حكمه: محمد علي الخولي

عنوان الكتاب : أساليب تدريس اللغة العربية

الموضوع الرئيسي: ١- اللغات

: ٢- اللغة العربية- تعلم وتعليم

رقم الإيداع : (١٩٩٧/٦/٧٩٠).

بيانات النشر : عمان: دار الفلاح

* تم إعداد بيانات الفهرسة الأولية من قبل دائرة المكتبة الوطنية

بسم الله الرحمن الرحيم

تقديم

تكتسب اللغة العربية أهمية متزايدة في كثير من بلدان العالم، وخاصة في البلاد الإسلامية التي ترغب في توثيق علاقاتها بالبلاد العربية لأسباب دينية وثقافية في الدرجة الأولى. كما نرى أن اللغة العربية أصبحت تكتسب أهمية خاصة في كثير من البلدان في أوروبا وأمريكا نظراً للمكانة الاقتصادية التي تتمتع بها البلاد العربية حالياً.

وفي ظل هذه الظروف أخذ أفراد كثيرون يرغبون في تعلم اللغة العربية. كما أخذت جامعات عديدة في أنحاء العالم تعلم اللغة العربية. وأخذت دول كثيرة تفرض تعلم العربية على طلاب المدارس، كما حدث في كثير من البلدان الإسلامية.

وفي مثل هذا التوسع في تعليم اللغة العربية، تنشأ الحاجة إلى إرشاد المعلمين إلى أساليب تدريس اللغة العربية. ويحاول هذا الكتاب تقديم هذا الإرشاد بصورة مباشرة ومبسطة. إذ تعالج فصوله الموضوعات الآتية على التوالي: أساليب الأصوات، أساليب تعليم التراكيب اللغوية، أساليب تعليم الكلمات، أساليب تعليم القراءة، أساليب تعليم الكتابة، الاختبارات اللغوية، والوسائل المعينة في تدريس اللغة.

وأرجو أن يكون هذا الكتاب نافعاً لمعلمي اللغة العربية الذين يعلمون هذه اللغة العرب ولغير العرب. وبالطبع، هناك فروق بين تعليم العربية للعرب وتعليمها لغيرهم. ولكن هناك وجوه تشابه عديدة بين الموقفين.

والله المستعان

دكتور محمد علي الخولي

المحتويات

الفصل الأول

مقدمة

تعريف اللغة:

هناك عدة تعاريف للغة تذكرها كتب علم اللغة والمعاجم والموسوعات. ولكن هناك تعريفاً يناسب أهدافنا هنا. وبموجب هذا التعريف، فإن اللغة نظام اعتباطي لرموز صوتية تستخدم لتبادل الأفكار والمشاعر بين أعضاء جماعة لغوية متجانسة.

ويبرز هذا التعريف النقاط الآتية:

١. اللغة نظام. وهذا يعني أن اللغة تخضع لتنظيم معين أو تبدي تنظيماً معيناً في مستوياتها الصوتية والفونيمية والصرفية والنحوية والدلالية. وبعبارة أخرى، إن اللغة ليست فوضية، بل تخضع لتنظيمات محددة.

٢. نظام اللغة اعتباطي. النظام الذي تبديه لغة ما ليس منطقياً ولا يخضع لتبريرات. فهو أساساً نظام اعتباطي. وعلى سبيل المثال، بعض اللغات تبدأ الجملة فيها بالاسم عادة مثل اللغة الإنجليزية، وبعض اللغات تبدأ الجملة فيها بالفعل عادة. ولا يستطيع المرء أن يدافع عن النوع الأول أو النوع الثاني. فالمسألة لا تخضع لتبرير أو منطق.

٣. اللغة أساساً صوتيه. فلقد تكلم الإنسان اللغة قبل أن يكتبها. كما أن الطفل يتكلم اللغة قبل أن يستطيع كتابتها. كما أن كثيراً من الناس في العالم يتكلمون لغـة

ما دون أن يستطيعوا كتابتها. فاللغة أساساً نشاط شفوي أو كلام. وأما الكتابة فهي شكل ثانوي من أشكال اللغة. وبعبارة أخرى، إن اللغة كلام وما الكتابة إلا تمثيل جرئي للكلام.

٤. اللغة رموز. فالكلمات رموز لما تدل عليه، وليست ما تدل عليه. فكلمة "بيت" ترمز إلى الشيء الذي هو بيت، ولكنها ليست البيت ذاته. وهكذا فإن اللغة نظام ترميز وعلى السامع أو القارئ أن يحل رموز هذا النظام ليفهم مدلولات هذه الرموز.

٥. وظيفة اللغة نقل الأفكار والمشاعر، وليس نقل الأفكار فقط. ويبرز دور اللغة في نقل المشاعر في عبارات المجاملة والتحية والمواساة التي يتبادلها الناس. فهم في هذه الحالة لا يتبادلون الأفكار، بل هم يتبادلون المشاعر. ولهذا، فإن للغة دوراً اجتماعياً عاطفياً بالإضافة إلى دورها الفكري الإعلامي.

خصائص اللغة:

وللغة عموماً خصائص نذكر منها ما يلي:

١. في اللغة لهجات اجتماعية تميز المستويات الاقتصادية والثقافية لمتكلمي اللغة. فاللهجة التي يتكلمها المثقفون تختلف عن لهجة الأميين. ولهجة طلاب الجامعات تختلف عن لهجة الفلاحين. ولهجة أساتذة الجامعة تختلف عن لهجة العمال.

٢. في اللغة لهجات جغرافية تختلف من منطقة جغرافية إلى أخرى. فاللهجة العربية في الجزائر تختلف عن اللهجة العربية في كل من السودان وسوريا والعراق. واللهجة الإنجليزية في إنكلترا تختلف عما هي في أسكتلندا وتختلف عما هي في أمريكا.

٣. في اللغة تنوعات في المستوى، فهناك اللهجة الفصيحة وهناك اللهجة العامية.

٤. يمكن التعبير عن اللغة بالوسيلة الشفوية، أي بالكلام، وبالوسيلة المكتوبة، أي الكتابة.

٥. كل فرد يتكلم لغته بطريقته الخاصة التي تميزه عن سواه. وتدعى هذه لهجة فردية أو رطانة.

٦. للغة مستويات في البناء. فهناك المستوى الصوتي، ثم المستوى الصرفي، ثم المستوى المفرداتي، ثم المستوى النحوي، ثم المستوى الدلالي، إذ تتجمع الأصوات لتبني المورفيم أو الوحدة الصرفية، وقد تتجمع المورفيمات لتبني المفردة أو الكلمة، وتتجمع المفردات لتبني الجملة:

علم اللغة:

إن علم اللغة هو العلم الذي يدرس اللغة. وهو ينقسم إلى فرعين:

١. علم اللغة النظري. ويشمل هذا الفرع عدة علوم منها علم الأصوات وعلم الفونيمات وعلم اللغة التاريخي وعلم المعاني وعلم الصرف وعلم النحو.

٢. علم اللغة التطبيقي. ويشمل هذا الفرع عدة علوم منها تدريس اللغات الأجنبية والترجمة وعلم اللغة النفسي وعلم اللغة الاجتماعي.

وإذا شئنا تعريف كل علم من العلوم السابقة، فمن الممكن تعريفها بإيجاز كما يلي:

١. علم الأصوات. يبحث هذا العلم في نطق الأصوات اللغوية وفي انتقالها وفي إدراكها. ويمكن تقسيم هذا العلم إلى ثلاثة فروع: علم الأصوات النطقي وعلم الأصوات الفيزيائي وعلم الأصوات السمعي. ويبحث كل علم منها في نطق الأصوات وانتقالها وإدراكها على التوالي.

٢. علم الفونيمات. يبحث هذا العلم في وظائف الأصوات وتصنيفها إلى فونيمات وتوزيع هذه الفونيمات في الاستخدام الفعلي للغة.

٣. علم اللغة التاريخي. يبحث هذا العلم في تطور اللغة عبر العصور التاريخية المختلفة وما طرأ عليها من تغيرات وتأثرات بسواها من اللغات.

٤. علم الصرف. يبحث هذا العلم في المورفيمات وتوزيعها. والمورفيم هو أصغر وحدة لغوية ذات معنى.

٥. علم النحو. يبحث هذا العلم في ترتيب الكلمات ضمن الجملة. ويدعوه البعض علم النظم. ويدعى علما الصرف والنحو معاً علم القواعد.

٦. علم المعاني. يبحث هذا العلم في طبيعة المعنى وعلاقة المفردات بعضها ببعض من حيث. ويدعوه بعض علماء اللغة علم الدلالة.

٧. علم اللغة النفسي. يدرس هذا العلم اللغة كظاهرة سلوك نفسي عقلي من حيث النتمو اللغوي والتأثيرات النفسية التي تحدث قبل الكلام وأثناءه وبعده.

٨. علم اللغة الاجتماعي. يدرس هذا العلم اللغة كظاهرة اجتماعية من حيث اللهجات الجغرافية واللهجات الاجتماعية والدور الاجتماعي والانعكاسات السياسية الناجمة عن اللغة.

وأهم فائدة لعلم اللغة لدينا في هذا المقام هو الاستفادة منه في تدريس اللغات الأجنبية على النحو الآتي:

١. يقدم لنا على الأصوات النطقي وصفاً جيداً لمخارج أصوات اللغة المنشودة، أي

اللغة التي نريد تعليمها كلغة أجنبية. كما يقدم لنا هذا العلم وصفاً لمخارج أصوات اللغة الأم. وبذلك يمكن معرفة مواضع التشابه والاختلاف بين النظام الصوتي للغة المنشودة ونظيره في اللغة الأم.

٢. يقدم لنا علم الصرف وصفاً مفيداً لتركيب الكلمة وتوزيع الوحدات الصرفية، أي المورفيمات، في اللغة الأم واللغة المنشودة على حد سواء.

٣. يقدم لنا علم النحو وصفاً مفيداً لتركيب الجملة ونظام الكلمات في اللغة المنشودة واللغة الأم.

٤. يقدم لنا علم اللغة النفسي معلومات مفيدة عن العوامل النفسية التي تؤثر في تدريس اللغة الأجنبية والتي تؤثر في تعلمها.

٥. يقدم لنا علم الأساليب معلومات مفيدة عن أفضل الطرق لتدريس اللغة الأجنبية مع اختصار الوقت والجهد وإعطاء أفضل مردود تعلمي.

أهمية اللغة العربية:

إن للغة العربية مكانة خاصة بين لغات العالم. كما أن أهمية هذه اللغة تزيد يوماً بعد يوم في عصرنا الحاضر. وترجع أهمية اللغة العربية إلى الأسباب الآتية:

١. لغة القرآن الكريم. إن اللغة العربية هي اللغة التي نزل بها القرآن الكريم. وهي بذلك اللغة التي يحتاجها كل مسلم ليقرأ أو يفهم القرآن الذي يستمد منه المسلم الأوامر والنواهي والأحكام الشرعية.

٢. لغة الصلاة. إن كل مسلم يريد أن يؤدي الصلاة عليه أن يؤديها بالعربية. ولذلك

فإن العربية مرتبطة بركن أساسي من أركان الإسلام. فيصبح تعلم العربية بذلك واجباً على كل مسلم.

٣. لغة الحديث الشريف. إن لغة أحاديث الرسول الكريم صلى الله عليه وسلم هي اللغة العربية. ولذا فإن كل مسلم يريد قراءة هذه الأحاديث واستيعابها عليه أن يعرف اللغة العربية.

٤. المكانة الاقتصادية للعرب. إن العرب الآن ينمون اقتصادياً بشكل سريع بفضل ما لديهم من ثروات نفطية ومعدنية، مما يجعل لهم وزناً اقتصادياً كبيراً ووزناً سياسياً موازياً. وتتواكب أهمية اللغة مع الأهمية الاقتصادية والسياسية لأصحابها.

٥. عدد متكلمي العربية. إن العربية مستخدمة كلغة أولى في اثنتين وعشرين دولة عربية وتستخدم كلغة ثانية في كثير من الدول الإسلامية. وهذا يعني أن سبع دول العالم تتكلم العربية لغة أولى. كما أن كثيراً من شعوب الدول الإسلامية لديها الاستعداد النفسي، بل وترحب، بتعلم اللغة العربية لارتباط هذه اللغة بديانة هذه الشعوب.

طرق تدريس اللغات الأجنبية:

هناك طرق متنوعة لتدريس اللغات الأجنبية.

ولقد جرى حول كل منها جدال طويل، كما انتصر لكل طريقة بعض المختصين، فأبرزوا مزايا طريقة ما وعيوب الطرق الأخرى. ومن أهم هذه الطرق أربع هي: طريقة القواعد والترجمة، والطريقة المباشرة، والطريقة السمعية الشفوية، والطريقة الانتقائية. وسنعطي فيما يلي وصفاً موجزاً لكل طريقة.

طريقة القواعد والترجمة:

لهذه الطريقة عدة أسماء أخرى. فيدعوها البعض "الطريقة القديمة". ويدعوها آخرون "الطريقة التقليدية". ومن أهم ملامح هذه الطريقة ما يلي:

١. تهتم هذه الطريقة بمهارات القراءة والكتابة والترجمة، ولا تعطي الاهتمام اللازم لمهارة الكلام.

٢. تستخدم هذه الطريقة اللغة الأم للمتعلم كوسيلة رئيسية لتعليم اللغة المنشودة. وبعبارة أخرى، تستخدم هذه الطريقة الترجمة كأسلوب رئيسي في التدريس.

٣. تهتم هذه الطريقة بالأحكام النحوية، أي التعميمات، كوسيلة لتعليم اللغة الأجنبية وضبط صحتها.

٤. كثيراً ما يلجأ المعلم الذي يستخدم هذه الطريقة إلى التحليل النحوي لجمل اللغة المنشودة ويطلب من طلابه القيام بهذا التحليل.

ولقد واجهت طريقة القواعد والترجمة عدة انتقادات، من بينها ما يلي:

١. تهمل هذه الطريقة مهارة الكلام التي هي مهارة رئيسية ينبغي عدم إهمالها.

٢. تكثر هذه الطريقة من استخدام اللغة الأم إكثاراً يجعل اللغة المنشودة قليلة الاستعمال في درس اللغة، فلا تتاح للمتعلمين فرصة كافية للتمرن على اللغة المنشودة.

تهتم هذه الطريقة بالتعليم عن اللغة المنشودة أكثر من اهتمامها بتعليم اللغة ذاتها. فالتحليل النحوي والأحكام النحوية تدخل ضمن التحليل العلمي للغة، وليس ضمن اتقان اللغة كمهارة.

ولكن هذه الانتقادات ليست نهائية. فإن مؤيدي طريقة القواعد والترجمة لديهم ردود أيضاً على معارضي طريقتهم.

الطريقة المباشرة:

رداً على طريقة القواعد والترجمة، ظهرت الطريقة المباشرة التي تمتاز بما يلي:

١. تعطي الطريقة المباشرة الأولوية لمهارة الكلام بدلاً من مهارات القراءة والكتابة والترجمة، على أساس أن اللغة هي الكلام بشكل أساسي.

٢. تتجنب هذه الطريقة استخدام الترجمة في تعليم اللغة الأجنبية وتعتبرها عديمة الجدوى، بل شديدة الضرر على تعليم اللغة المنشودة وتعلمها.

٣. بموجب هذه الطريقة، فإن اللغة الأم لا مكان لها في تعليم اللغة الأجنبية.

٤. تستخدم هذه الطريقة الاقتران المباشر بين الكلمة وما تدل عليه. كما تستخدم الاقتران المباشر بين الجملة والموقف الذي تستخدم فيه. ولهذا سميت الطريقة بالطريقة المباشرة.

٥. لا تستخدم هذه الطريقة الأحكام النحوية، لأن مؤدي هذه الطريقة يرون أن هذه الأحكام لا تفيد في إكساب المهارة اللغوية المطلوبة.

٦. تستخدم هذه الطريقة أسلوب "التقليد والحفظ"، حيث يستظهر جملاً باللغة الأجنبية وأغاني ومحاورات تساعدهم على اتقان اللغة المنشودة.

ولم تنج هذه الطريقة من انتقادات رجال الأساليب وعلماء اللغة. ومن بين الانتقادات الموجهة إلى هذه الطريقة ما يلي:

١. تهتم هذه الطريقة بمهارة الكلام على حساب المهارات اللغوية الأخرى.

٢. عندما لا تستخدم هذه الطريقة اللغة الأم في تعليم اللغة الأجنبية، فإن كثيراً من الجهد يبذل وكثيراً من الوقت يضيع. ولو استخدمت هذه الطريقة اللغة الأم بشكل محدود لتوفر كثير من الجهد وكثير من الوقت. ولذا فإن بعض رجال الأساليب يتهم هذه الطريقة بأنها أبعد الطرق من كونها مباشرة.

٣. إن استبعاد هذه الطريقة للأحكام النحوية من التعليم يحرم المتعلم من إدراك ماهية القوالب النحوية التي تنتظم فيها كلمات اللغة لتكوين الجمل.

الطريقة السمعية الشفوية:

جاءت هذه الطريقة رد فعل للطريقة التقليدية وللطريقة المباشرة عاً. وللطريقة السمعية الشفوية مسميات أخرى مثل "الطريقة الشفوية" و "الطريقة اللغوية". وكان اسمها أول ما ظهرت "أسلوب الجيش" لأنها استخدمت أول ما استخدمت في تعليم العسكريين الأمريكيين اللغات الأجنبية لإرسالهم في مهمات خارج بلادهم بعد الحرب العالمية الثانية.

ومن أبرز افتراضات هذه الطريقة ما يلي:

١. اللغة أساساً كلام، أما الكتابة فهي تمثيل جزئي للكلام. ولذلك يجب أن ينصب الاهتمام في تعليم اللغات الأجنبية على الكلام، وليس على القراءة والكتابة.

٢. يجب أن يسير تعليم اللغة الأجنبية بموجب تسلسل معين هو: استماع، ثم كلام، ثم قراءة، ثم كتابة. وهذا يعني أن يستمع المتعلم أولاً، ثم يقول ما استمع إليه، ثم يقرأ ما قال، ثم يكتب ما قرأ أو عما قرأ.

٣. طريقة تكلم اللغة الأجنبية تماثل طريقة اكتساب الطفل للغة الأم. فهو يستمع أولاً ثم يبدأ يحاكي ما استمع إليه. ثم يذهب إلى المدرسة ليتعلم القراءة ثم الكتابة.

٤. أفضل طريقة لاكتساب اللغة الأجنبية هي تكوين العادات اللغوية عن طريق المران على القوالب.

٥. إن المتعلم بحاجة إلى تعلم اللغة الأجنبية، وليس إلى التعلم عنها. وهذا يعني أنه بحاجة إلى التمرن على نطقها ولا ينفعه أن يعرف قوانينها وتحليلاتها اللغوية.

٦. كل لغة فريدة في نظامها اللغوي، ولا فائدة من المقارنات والتقابلات.

٧. الترجمة تضر تعلم اللغة الأجنبية، ولا داعي لاستخدامها.

٨. أفضل مدرس للغة الأجنبية هو الناطق الأصلي المدرب.

وكالعادة، لم تنج هذه الافتراضات من الانتقاد، بل والرفض أحياناً. فقد وجه بعض رجال الأساليب الانتقادات الآتية لهذه الافتراضات:

١. الكلام ليس الشكل الوحيد للغة. فهناك الكتابة أيضاً. وهناك مجلدات مكتوبة لم تمر بمرحلة الكلام قبل أن تكتب، بل هي تعبير لغوي مباشر.

٢. إن الطريقة السمعية الشفوية تركز على الكلام حساب المهارات اللغوية الأخرى التي لا تقل أهمية عن الكلام.

٣. إن ترتيب المهارات من استماع إلى كلام إلى قراءة إلى كتابة ليس ترتيباً قطعياً ملزماً، إذ يمكن تعليم هذه المهارات أو بعضها في وقت واحد وليس بالضرورة على وجه تتابعي.

٤. اكتساب اللغة الأجنبية يختلف اختلافاً جوهرياً عن اكتساب اللغة الأم. فعند

اكتساب اللغة الأم، يكون الطفل مرتبطاً عاطفياً بوالدته ووالده وأسرته، ويكون في حاجة إلى اللغة ليعبر عن حاجاته الأساسية وعواطفه وأفكاره. وعند اكتساب اللغة الأجنبية، لا يكون لدى المتعلم ارتباط عاطفي قوي بالمعلم، كما لا تكون لدى المتعلم نفس الحاجة إلى تعلم اللغة الأجنبية حيث تكون لديه لغة أخرى يعبر بها عن عواطفه وأفكاره.

٥. اكتساب اللغة الأجنبية بالتكرار ممكن. ولكن هذا الاكتساب يكون أسرع لو رافق التكرار إدراك لماهية اللغة وماهية تراكيبها وعلاقاتها. وهذا ما يجعل للأحكام النحوية دوراً تلعبه.

٦. إنه صحيح أن كل لغة تعتبر ظاهرة فريدة وأن كل لغة تختلف عن سواها. ولكنه أيضاً صحيح أن هناك وجوه تشابه بين اللغات. وبذلك يكون من المفيد في تعلم اللغة الأجنبية الاستفادة من معرفة وجوه الشبه ووجوه الاختلاف بين اللغة الأم واللغة المنشودة.

٧. من الممكن استخدام الترجمة في تعليم اللغة الأجنبية بطريقة حكيمة تفيد المتعلم وتوفر الوقت والجهد للمعلم والمتعلم على حد سواء.

٨. ليس صحيحاً أن الناطق ا؟الأصلي هو أفضل معلم للغة الأجنبية، لأنه غالباً لا يدرك مشكلات الطلاب مع اللغة التي يتعلمونها ولا يستطيع التنبؤ بأخطائهم ولا تفسيرها. ومرد ذلك إلى أنه لم يمر بتجربة تعلم اللغة التي يعلمها على أساس أنها لغة أجنبية، بل تعلمها على أساس أنها لغة أجنبية، بل تعلمها على أساس أنها لغته الأم. وقد يكون معلم من نفس جنسية الطلاب يتقن اللغة الأجنبية أفضل من معلم ناطق أصلي باللغة المنشودة.

الطريقة الانتقائية:

تأتي الطريقة الانتقائية رداً على الطرق الثلاث السابقة. والافتراضات الكامنة وراء هذه الطريقة هي:

١. كل طريقة في التدريس لها محاسنها ويمكن الاستفادة منها في تدريس اللغة الأجنبية.

٢. لا توجد طريقة مثالية تماماً أو خاطئة تماماً ولكل طريقة مزايا وعيوب وحجج لها وحجج عليها.

٣. من الممكن النظر إلى الطرق الثلاث السابقة على أساس أن بعضها يكمل البعض الآخر بدلاً من النظر إليها على أساس أنها متعارضة أو متناقضة. وبعبارة أخرى، من الممكن النظر إلى الطرق الثلاث على أنها متكاملة بدلاً من كونها متعارضة أو متنافسة أو متناقضة.

٤. لا توجد طريقة تدريس واحدة تناسب جميع الأهداف وجميع الطلاب وجميع المعلمين وجميع أنواع برامج تدريس اللغات الأجنبية.

٥. المهم في التدريس هو التركيز على المتعلم وحاجاته، وليس الولاء لطريقة تدريس معينة على حساب حاجات المتعلم.

٦. على المعلم أن يشعر أنه حر في استخدام الأساليب التي تناسب طلابه بغض النظر عن انتماء الأساليب لطرق تدريس مختلفة. إذ من الممكن أن يختار المعلم من كل طريقة الأسلوب أو الأساليب التي تناسب حاجات طلابه وتناسب الموقف التعليمي التعلمي الذي يجد المعلم نفسه فيه.

العوامل المؤثرة في أساليب التدريس:

هناك عوامل عديدة تؤثر في أساليب تدريس اللغة الأجنبية. ومن المفيد للمعلم أن يكون على دراية بهذه العوامل. كما أن الإحاطة بهذه العوامل تساعد في تصميم وتقييم الأساليب. ومن بين هذه العوامل ما يلي:

١. تدريب المعلم. إذا لم يتلق المعلم تدريباً قبل الخدمة أو أثناء الخدمة فيما يتعلق بأساليب تدريس اللغة الأجنبية، فإنه سيكون من الصعب عليه قبول الأساليب الجديدة أو تطبيقها.

٢. عبء المعلم. إذا كان المعلم مثقلاً بساعات التدريس وسواها من الأنشطة المدرسية الأخرى، فإنه يفضل استخدام أساليب التدريس التي لا تتطلب جهداً كبيراً. وفي الغالب، يختار الأساليب قليلة الفعالية ليوفر لنفسه شيئاً من الراحة التي يفتقدها.

٣. دافعية المعلم. إذا كان المعلم لا يشعر بالحماس لعمله لسبب ما، فإن كفاءته في التدريس تنحدر انحداراً شديداً، كما أن رغبته في استخدام أساليب تدريسية جديدة تتضاءل.

٤. عادات المعلم. إذا اعتاد المعلم على استخدام أساليب تدريسية معينة لمدة طويلة، فإنه يصعب عليه استخدام أساليب جديدة. بل إنه يقاوم التجديد في هذه الأساليب، لأنه قد يعتبر ذلك تهديداً موجهاً إليه شخصياً.

٥. شخصية المعلم. بعض المعلمين تناسبهم بعض أساليب التدريس ولا يناسبهم البعض الآخر منها. وسرعان ما يكتشف المعلم أن هناك أساليب تناسبه أكثر من سواها وأن هناك أساليب لا تناسب شخصيته. لذلك كثيراً ما يلجأ المعلم لتبني أساليب معينة والتنكر لأساليب معينة بوعي منه أو دون وعي. فالمعلم الخجول مثلاً يفضل الأساليب التدريسية التي لا تتطلب كثيراً من الاحتكاك بينه وبين طلابه.

٦. تعلم المعلم. يميل المعلم عادة إلى استخدام الأساليب التدريسية التي تعلم هو بها اللغة الأجنبية وكأن لسان حاله يقول لتلاميذه "تعلموا كما تعلمتُ."

٧. ميل الطلاب. إذا كان الطلاب متشوقين لتعلم لغة ما، فإن المعلم يكون أقدر على تنويع أساليب تدريسه لهم حيث يجد منهم الترحاب والتشجيع. وقد يكون الطلاب

مرغمين على تعلم لغة ما، ففي هذه الحالة يكون وضع المعلم أصعب ومهمته أشق.

٨. ذكاء الطلاب. لقد دلت البحوث على أن هناك ارتباطاً موجباً عالياً بين ذكاء المتعلم وتعلمه للغة الأجنبية. ويؤدي هذا بالتالي إلى افتراض أن طريقة تدريس الطلاب الأذكياء قد تختلف قليلاً أو كثيراً عن طريقة تدريس الطلاب الأقل ذكاء.

٩. عمر الطلاب. تتأثر طريقة التدريس بعمر المتعلم. فالأساليب التي تروق للأطفال قد لا تروق للكبار، والعكس صحيح أيضاً. فالطفل يفضل التقليد والتكرار، أما المراهق والبالغ فقد يفل إضافة بعض التفسيرات العقلية للظواهر اللغوية والقوالب النحوية.

١٠. توقعات الطلاب. يأتي الطلاب إلى برامج تعليم اللغة الأجنبية ولديهم توقعات معينة عن الكيفية التي سيعلمون بها. ولا شك أن هذه التوقعات تؤثر بدرجة ما في أساليب تدريس هؤلاء الطلاب. وتتشكل توقعاتهم في ضوء خبراتهم السابقة عن برامج مماثلة، وفي ضوء حاجاتهم الحقيقية، وفي ضوء عاداتهم الدراسية عموماً، وفي ضوء استراتيجية التعلم العامة لديهم. ومن الممكن للمعلم إحداث تغيير في توقعات طلابه، ولكن قد يكون هو مضطراً أحياناً إلى قليل من التكيف مع هذه التوقعات. وعلى سبيل المثال، قد يضطر المعلم إلى استعمال اللغة الأم في تدريسه لأنه طلابه يلحون عليه أن يستخدمها.

١١. العلاقة بين اللغة الأم واللغة الأجنبية. إذا اختلفت اللغتان، أي اللغة الأم واللغة المنشودة في كل الوجوه، فالمشكلات في تدريس اللغة الأجنبية تختلف عن حالة تختلف فيها اللغتان في بعض الوجوه. إن الاختلاف الجزئي يمكن المعلم من التركيز على بعض الأمور على أساس أن الطالب يعرف الوجوه المتشابهة مثل بعض المفردات أو رموز الكتابة.

١٢. مدة البرنامج. إذا كان برنامج تعليم اللغة الأجنبية قصيراً من ناحية زمنية، فإن هذا يعني أن مداه محدود وأهدافه محدودة وأنه قد يركز على بعض المهارات اللغوية دون سواها. فإذا كان البرنامج يمتد مثلاً لمدة ستة أشهر فقد يكون مفيداً التركيز على مهارة

لغوية واحدة أو اثنتين. أما إذا امتد البرنامج لمدة بضع سنوات، فإن هذا يشير إلى اتساع مداه وأهدافه وبالتالي تعدد المهارات اللغوية التي يسعى البرنامج إلى تعليمها.

١٣. التسهيلات. هناك فرق حتماً بين برنامج تعليم اللغة الأجنبية التي تتوفر له الأشرطة والأفلام والصور والمختبرات والبطاقات واللوحات وبرنامج آخر لا يتوفر له شيء من ذلك. إن توفر التسهيلات يؤثر في نوعية أساليب التدريس الممكن اتباعها.

١٤. الأهداف. إن أهداف البرنامج التعليمي تؤثر في الأساليب التدريسية المستخدمة. فإذا كان البرنامج يهدف إلى تعليم كتابة اللغة الأجنبية أو قراءتها أو تكلمها أو الترجمة منها وإليها، فستكون الأساليب المستخدمة متمشية مع الهدف أو الأهداف المطلوبة.

١٥. الاختبارات. يميل المعلمون والطلاب إلى ارهتمام بما تهتم به الاختبارات، وخاصة الاختبارات الختامية العامة. فإذا اعتاد نظام اختبارات إهمال ناحية لغوية معينة، فسرعان ما يكتشف المعلمون والطلاب ذلك ويهملون هذه الناحية أيضاً. وسوف ينعكس ذلك على طريقة تعليم المعلم وتعلم المتعلم. كما أن نوعية الاختبارات لها تأثير مشابه. فالاختبارات الإنتاجية تؤثر على أساليب التدريس تأثيراً يختلف عن تأثير الاختبارات التعرفية. ويدعى هذا التأثير التأثير الرجعي للاختبار.

١٦. حجم الصف. هناك أساليب تدريسية تنجح في الصفوف صغيرة الحجم. ولكن هذه الأساليب قد لا تنجح بنفس الدرجة في الصفوف كبيرة الحجم. كما أن هناك أساليب يضطر المعلم إلى استخدامها حين يكون الصف كبيراً، ويختفي هذا الاضطرار حين يكون الصف صغيراً. مثال ذلك التكرار الجماعي مقابل التكرار الفردي.

وخلاصة القول أن هناك عوامل تؤثر في الأساليب التدريسية للغة الأجنبية. ولعى المعلم أن يكون واعياً لهذه العوامل، مستعداً لها، قادراً على تغيير أسلوبه وفقاً للموقف

التعليمي الذي يجد نفسه فيه. وسيكون من المضني أو الضار استخدام الأساليب ذاتها في جميع الحالات والظروف والأهداف.

كما أن هذه العوامل ذات دلالة لمصممي الأساليب ومقيميها. إذ عليهم أن يأخذوها بعين الاعتبار عند التصميم أو التقييم، لأن الظروف العملية في موقف ما قد تجعل أسلوباً ما غير قابل للتطبيق.

أنواع البرامج:

هناك نوعان من برامج تعليم اللغات الأجنبية. الأول هو البرنامج المدرسي حيث تعلم اللغة الأجنبية كواحد من الموضوعات المدرسية المتعددة. وعلى سبيل المثال، تعلم اللغة الإنجليزية في البلاد العربية لمدة ست سنوات أو ثمان سنوات بمعدل أربعين دقيقة يومياً كموضوع دراسي مع سواها من الموضوعات.

والثاني هو البرنامج المكثف. وفيه يتعلم الطالب اللغة الأجنبية فقط لمدة محدودة تتراوح بين أسبوع وسنتين بمعدل يتراوح بين أربع وست ساعات يومياً.

وهناك فروق واضحة بين هذين النوعين من البرامج. ومن بين هذه الفروق ما يلي:

١. ساعات التعليم. إن ساعات التعليم في البرنامج المكثف أكثر منها في البرنامج المدرسي على مستوى اليوم الدراسي. فقد يعطي البرنامج المكثف ست ساعات يومياً لتعليم اللغة الأجنبية مقابل ساعة واحدة يومياص يعطيها البرنامج المدرسي. بل إن البرنامج المدرسي قد يعطي ساعتين في الأسبوع مقابل ثلاثين ساعة يعطيها البرنامج المكثف. وهكذا، فإن سنة في مثل هذا البرنامج المكثف تعادل في كمية ساعاتها التعليمية خمس عشرة سنة من البرنامج المدرسي من حيث كمية تعليم اللغة الأجنبية.

٢. الأهداف. يهتم البرنامج المدرسي عادة بأهداف متنوعة لتعليم اللغة الأجنبية. وكثيراً ما تغطي هذه الأهداف مختلف المهارات اللغوية. ويتيسر هذا الأمر في ضوء استطالة الفترة الزمنية. وفي المقابل، يكون البرنامج المكثف تحت ضغط الوقت، الأمر الذي قد يؤدي إلى التركيز على بعض المهارات اللغوية دون الأخرى. فقد يهتم البرنامج المكثف بالمهارة الكلامية إلى التركيز فقط أو بالمهارة القرائية. ويتوقف الأمر بالطبع على كمية ساعات البرنامج المكثف. فإذا توفرت منها الكمية الكافية، فقد يؤدي هذا إلى توسيع الأهداف والتركيز على جميع المهارات اللغوية.

٣. الدافعية. في بعض الحالات، يكون الطالب مجبراً على تعلم اللغة الأجنبية في البرنامج المدرسي. فهي تفرض عليه كموضوع دراسي لا خيار له فيه. وفي بعض الحالات، يتيح البرنامج المدرسي للطالب أن يختار لغة أجنبية واحدة من بين لغتين أوأكثر. ففي الوضع الأول، قد تكون دافعية بعض الطلاب لتعلم اللغة الأجنبية في أدنى مراتبها. أما في الوضع الثاني، تكون الدافعية بوجه عام أحسن حالاً، حيث تتاح للطالب فرصة اختيار اللغة التي يميل إليها أن يشعر بالحاجة إلى تعلمها. أما في البرنامج المكثف، فإن المتعلم نفسه هو الذي يختار الدراسة في البرنامج أو أنه يعلم سلفاً أنه لابد من هذا البرنامج المكثف. ولهذا، فمن الأرجح أن تكون دافعية المتعلم في البرنامج المكثف أقوى من دافعية المتعلم في البرنامج المدرسي.

٤. السن. إن سن المتعلم في البرنامج المدرسي مرتبط بسن التعليم عموماً، ويتوقف سنه على المرحلة المدرسية التي يمر بها. وهو بذلك يتراوح بين ست وثماني عشرة سنة. أما البرنامج المكثف، فإن طلابه يكونون عادة كباراً بالغين أنهوا التعليم الثانوي ويستعدون للدخول إلى الجامعة أو يستعدون لتسلم مهمة ما أو لديهم الرغبة في تعلم لغة ما لهدف ما.

التعليم الفعال:

لا شك في أن المعلم يرغب في أن يكون تعليمه أفعالاً نافعاً. ويقصد بالتعليم الفعال

ذلك التعليم الذي يؤدي إلى أقصى درجة ممكنة من التعلم بأقصر الطرق وأقلها جهداً ووقتاً مع الحصول على أكبر قدر من المكاسب التربوية الأخرى.

وليتحقق التعليم الفعال، لابد من توفر شروط عديدة، منها ما يلي:

١. على المعلم أن يعرف كيف يعلم. وهذا يستوجب إحاطته بأساليب التدريس العامة والخاصة. وبالنسبة لمعلم العربية كلغة ثانية، لابد من أن يعرف المعلم كيف يعلم المفردات والقراءة والكتابة واللفظ وكيف يختبر تلاميذه في كل مهارة لغوية وكيف يستخدم الوسائل المعينة في التدريس.

٢. على المعلم أن يحافظ على مظهر لائق لأن تلاميذه يعتبرونه قدوة لهم ويتفحصونه من قمة رأسه إلى أخمص قدميه.

٣. صوت المعلم يجب أن يكون واضحاً يسمعه كل طالب في الصف. كما يجب أن يكون الصوت متوسط القوة. فالصوت العالي جداً يضر مثل ضرر الصوت المنخفض جداً. والصوت المنخفض يجعل انتباه الطلاب قصيراً لأنهم يجدون صعوبة في المتابعة.

٤. على المعلم أن يحضر درسه قبل دخوله غرفة الصف. ولا شيء يقتل فعالية التعليم مثل غرور المعلم الذي لا يحضر درسه ولا يدري ماذا يدرس ولا كيف يدرس.

٥. على المعلم أن يعرف أكثر مما يحويه الكتاب المقرر. وهذا يحتم عليه سعة الاطلاع واستمرارية المطالعة لاكتساب المزيد من المعرفة في الحقل الذي يدرسه.

٦. لابد للمعلم من أن يشجع طلابه بالمديح المخلص وبالجوائز المعنوية والمادية ليجذبهم إليه وإلى درسه لتشويقهم وضمان انتباههم.

٧. على المعلم أن يراعي الفروق الفدرية بين طلابه.

٨. على المعلم أن يعامل طلابه بطلف ومودة فيجعل جو الصف تسوده علاقات اجتماعية صحية.

٩. على المعلم أن يكون حازماً حيث يجب الحزم ليتمكن من ضبط الصف وتنظيم شبكة الاتصالات داخله.

١٠. على المعلم أن يكون عادلاً مع جميع طلابه، إذ سرعان ما يكتشف الطلاب تحيز معلمهم إلى واحد منهم أو ضده، مما يجعل العلاقات متوترة بينه وبينهم. وكثيراً ما يؤدي ذلك إلى فقدانه احترامهم.

١١. على المعلم أن يحب عمله أو أن يبدو كأنه يحبه على الأقل. فالمعلم الذي يبدي كراهيته لعمله يدعو طلابه إلى كراهية درسه. وإذا تم ذلك فإن تعلم الطلاب منه يصبح مشكوكاً فيه.

١٢. على المعلم أن يتيح لطلابه الفرصة القصوى ليشاركوا في النشاط الصفي أثناء الدرس، لأن ذلك يساعدهم على الانتباه والتعلم.

والتعليم الفعال ضروري لأسباب متعددة:

١. التعليم الفعال يؤدي إلى التعلم الفعال، الأمر الذي يجعل المعلم يحس بالنجاح في أداء مهمته وتحقيق أهدافه. وهذا الإحساس يجعل المعلم سعيداً في عمله، مما يدفعه إلى مزيد من النشاط ومزيد من النجاح ومزيد من السعادة.

٢. التعليم الفعال ليس ضرورياً للمعلم فقط، بل هو ضروري أيضاً للطالب، لأنه بدون تعليم فعال يكون تعلم الطالب ناقصاً في العادة.

٣. التعليم الفعال يوفر الوقت والجهد من طرف المعلم والطالب معاً، لأن عدم فعالية

التعليم تؤدي في الغالب إلى إعادته من أجل الوصول إلى التعلم. والإعادة تنطوي على بذل جهد مضاعف واستغراق وقت مضاعف. والمعلم الناجح يختار الأساليب التدريسية التي تعطي نتيجة ممتازة بأقل وقت وجهد ممكن.

٤. التعلم الفعال لا يصاحبه تعلم وافٍ فقط، بل يصاحبه تعلم سعيد أيضاً. فالتعلم الفعال بالأوصاف التي ذكرناها سابقاً ينطوي على تشويق للطالب، وتنويع للأساليب وعدالة في المعاملة، ودفء اجتماعي في غرفة الصف، ووسائل معينة في التدريس، مما يجعل التعلم خبرة سارة للطالب.

مناقشة

١. هناك تعريفات عديدة للغة. اذكر اثنين منها غير مذكورين في الكتاب وعلق عليهما. راجع بعض كتب علم اللغة أو الموسوعات.

٢. اذكر بعض فروع علم اللغة غير الموجودة في هذا الفصل. راجع بعض كتب علم اللغة والمعاجم المتخصصة.

٣. هل لديك أسباب أخرى لتعليم العربية كلغة أجنبية غير المذكورة في هذا الفصل؟

٤. ما هي مزايا وعيوب كل طريقة من طرق تعليم اللغات الأجنبية؟

٥. ما هي الطريقة المثلى في رأيك لتعليم اللغة الأجنبية؟

٦. البعض يرى أن الطريقة المباشرة أقل الطرق مباشرة. علق على هذا القول.

٧. ما هي الحجج التي يمكن سوقها ضد الطريقة السمعية الشفهية؟

٨. هناك عدة عوامل تؤثر في أساليب تدريس اللغة الأجنبية. ما الدلالة الضمنية لهذا القول؟

٩. اشرح بالتفصيل كل صفة من صفات المعلم الفعال أو الناجح.

الفصل الثاني

تعليم الأصوات

من المشكلات الهامة التي يواجهها معلم العربية كلغة ثانية كيفية التغلب على صعوبات النطق لدى طلابه. ولا شك أن البداية تكمن في معرفة النظام الصوتي للغة العربية ومقارنته بالنظام الصوتي للغة الأم لدى المتعلمين، للتعرف على نقاط التشابه ونقاط الاختلاف بين النظامين. وتدعى هذه المقارنة الدراسة التقابلية أو التحليل التقابلي. ويفيد هذا التحليل معلم اللغة العربية من عدة وجوه:

١. يعرف المعلم الأصوات اللغوية المشتركة بين اللغة العربية واللغة الأم لدى المتعلم.

٢. يعرف المعلم الأصوات الموجودة في اللغة العربية والتي لا توجد في اللغة الأم والتي يرجح أن تكون مصدر صعوبة خاصة للمتعلم.

٣. يعرف المعلم الأصوات الموجودة في اللغة الأم والتي لا توجد في اللغة العربية والتي سيحاول المتعلم إقحامها في اللغة العربية.

٤. يستطيع المعلم من خلال معرفته للنظام الصوتي الخاص باللغة العربية والخاص باللغة الأم أن يتنبأ بمشكلات النطق لدى طلابه.

٥. يستطيع المعلم أن يفسر سبب المشكلة النطقية لدى طلابه حين تقع هذه المشكلة، إذ يستطيع المعلم من خلال معرفته التقابلية للغتين أن يعرف كيف ينتقل أثر التعلم من لغة إلى أخرى وكيف تؤثر اللغة الأم في اللغة الثانية وكيف تؤثر الثانية في الأولى.

الصوامت العربية:

من المفيد لمعلم العربية أن يعرف صوامت اللغة التي يعلمها وأن يعرف طريقة نطق كل صامت ومخرجه وحالته من حيث الهمس أو الجهر. وصوامت العربية هي:

١. /ب/ وقفي شفتاني مجهور.

٢. /ت/ وقفي أسناني مهموس.

٣. /د/ وقفي أسناني مجهور.

٤. /ط/ وقفي أسناني مفخم مهموس.

٥. /ض/ وقفي أسناني مفخم مجهور.

٦. /ك/ وقفي طبقي مهموس.

٧. /ق/ وقفي لهوي مهموس.

٨. /ء/ وقفي حنجري مهموس.

٠٩/جـ/ مزجي لثوي غاري مجهور.

١٠. /ف/ احتكاكي شفوي أسناني مهموس.

١١. /ث/ احتكاكي بيأسناني مهموس.

١٢. /ذ/ احتكاكي بيأسناني مجهور.

١٣. /س/ احتكاكي لثوي مهموس.

١٤. /ز/ احتكاكي لثوي مجهور.

١٥. /ص/ احتكاكي لثوي مفخم مهموس.

١٦. /ظ/ احتكاكي بيأسناني مفخم مجهور.

١٧. /ش/ احتكاكي لثوي غاري مهموس.

١٨. /خ/ احتكاكي طبقي مهموس.

١٩. /غ/ احتكاكي طبقي مجهور.

٢٠. /ح/ احتكاكي حلقي مهموس.

٢١. /ع/ احتكاكي حلقي مجهور.

٢٢. /هـ/ احتكاكي حنجري مهموس.

٢٣. /م/ أنفي شفتاني مجهور.

٢٤. /ن/ أنفي لثوي مجهور.

٢٥. /ل/ جانبي لثوي مجهور.

٢٦. /ر/ تكراري لثوي مجهور.

٢٧. /و/ شبه صائت شفتاني مجهور.

٢٨. /ي/ شبه صائت غاري مجهور.

ونلاحظ أن الصوامت العربية تنقسم من حيث طريقة النطق إلى ما يلي:

١. صوامت وقفية: /ب، ت، د، ط، ض، ك، ق، ء/.

٢. صوامت مزاجية: /جـ/.

٣. صوامت احتكاكية: /ف، ث، ذ، س، ز، ص، ظ، ش، خ، غ، ح، ع، هـ/.

٤. صوامت أنفية: /م، ن/.

٥. صوامت جانبية: /ل/.

٦. صوامت تكرارية: /ر/.

٧. صوامت شبه صائتة: /و، ي/.

أما من حيث مكان النطق، فتنقسم الصوامت العربية إلى ما يلي:

١. صوامت شفتانية: /ب، م، و/.

٢. صوامت شفوية أسنانية: /ف/.

٣. صوامت أسنانية: /ت، د، ط، ض/.

٤. صوامت بيأسنانية: /ث، ذ، ظ/.

٥. صوامت لثوية: /س، ص، ز، ن، ل، ر/.

٦. صوامت لثوية غارية: /جـ ش/.

٧. صوامت غارية: /ي/.

٨. صوامت طبقية: /ك، خ، غ/.

٩. صوامت لهوية: /ق/.

١٠. صوامت حلقية: /ح، ع/.

١١. صوامت حنجرية: /ء، هـ/.

أما من حيث الهمس والهجر، فتنقسم الصوامت العربية إلى ما يلي:

١. صوامت مهموسة: /ت، ط، ك، ق، ء، ف، ث، س، ص، ش، خ، ح، هـ/. وعددها ثلاثة عشر
صامتاً.

٢. صوامت مجهورة: /ب، د، ض، جـ، ذ، ز، ظ، غ، ع، م، ن، ل، ر، و، ي/. وعددها خمسة عشر
صامتاً. ويلخص الشكل المرفق الصوامت العربية.

ولقد استخدمنا في وصف الصوامت العربية بعض المصطلحات التي يحسن تعريفها ليتضح
المقصود بكل منها:

١. وقفي: صوت يتوقف عند نطقه تيار النفس كلياً ثم ينطلق. ويتم إيقاف التيار بوساطة
الشفتين أو بوساطة اللسان، مثل /ب/.

٢. مزجي: صوت يتكون من وقفي متبوع باحتكاكي، مثل /جـ/.

٣. احتكاكي: صوت يعاق فيه تيار النفس إعاقة جزئية، مثل /ف/.

٤. أنفي: صوت يمر معه تيار النفس من الأنف فقط، مثل /م/.

شكل (١): الصوامت العربية

		شفتاني	شفوي أسناني	أسناني	بيأسناني	لثوي	لثوي غاري	غاري	طبقي	لهوي	حلقي	حنجري
مزجي	مهموس											
	مجهور						جـ					
احتكاكي	مهموس		ف		ث		ش		خ		ح	هـ
	مجهور				د ظ	ز			غ		ع	
مجهور	مهموس											
	أنفي	م				ن						
جانبي	مهموس											
	محهور					ل						
تكراي	مهموس											
	مجهور					ر						
شبه صائت	مهموس											
	مجهور	و						ي				

٥. جانبي: صوت يمر معه تيار النفس من جانب الفم، مثل /ل/.

٦. تكراري: صوت تتكرر فيه ملامسة ذلق اللسان للثة، مثل /ر/.

٧. شبه صائت: صوت ينطق مثل الصوائت ولكن يتوزع مثل الصوامت، مثل / و/.

٨. شفتاني: صوت تشترك في نطقه الشفة العليا والشفة السفلى، مثل /ب/.

٩. شفوي أسناني: صوت تشترك في نطقه الشفة السفلى مع الأسنان العليا، مثل /ف/.

١٠. أسناني: صوت يلامس أو يقارب فيه رأس اللسان الأسنان من الداخل، مثل /ت/.

١١. بيأسناني: صوت يقع معه رأس اللسان بين الأسنان العليا والأسنان السفلى أو يقترب من الموقع بينها، مثل /ث/.

١٢. لثوي: صوت يلامس أو يقارب فيه رأس اللسان اللثة، مثل /س/.

١٣. لثوي غاري: صوت يلامس فيه طرف اللسان المنطقة الواقعة بين اللثة والغار أو يقترب منها، مثل /جـ/.

١٤. غاري: صوت يلامس أو يقارب فيه مقدم اللسان منطقة الغار، الواقعة في سقف الفم بعد اللثة، مثل /ي/.

١٥. طبقي: صوت يلامس أو يقارب فيه مؤخر اللسان الطبق، وهو المنطقة الواقعة في آخر سقف الفم خلف الغار، مثل /ك/.

١٦. لهوي: صوت يخرج من منطقة اللهاة، مثل /ق/.

١٧. حلقي: صوت يخرج من الحلق، مثل /ح/.

١٨. حنجري: صوت يخرج من الحنجرة، مثل /هـ/.

١٩. مهموس: صوت لا تهتز عند نطقه الحبال الصوتية، مثل /ت/.

٢٠. مجهور: صوت تهتز عند نطقه الحبال الصوتية، مثل /د/.

الصوائت العربية:

الصوائت في اللغة العربية ستة هي:

١. الفتحة القصيرة: صائت وسطي مركزي غير مدور مجهور.

٢. الضمة القصيرة: صائت عالي خلفي مدور مجهور.

٣. الكسرة القصيرة: صائت عالي أمامي غير مدور مجهور.

٤. الفتحة الطويلة: صائت منخفض مركزي غير مدور مجهور.

٥. الضمة الطويلة: صائت عال خلفي مدور مجهور.

٦. الكسرة الطويلة: صائت عال أمامي غير مدور مجهور.

ويلاحظ أن الصوائت العربية تنقسم إلى قسمين:

١. صوائت قصيرة: وهي ثلاثة تظهر في كلمة سمح.

٢. صوائت طويلة: وهي ثلاثة تظهر في (كانوا شاكرين).

كما يمكن تقسيم الصوائت العربية إلى نوعين آخرين:

١. صوائت مدورة: وهي التي تتدور معها الشفتان. وهي الضمة القصيرة والضمة الطويلة.

٢. صوائت غير مدورة: وهي التي لا تتدور معها الشفتان. وهي بقية الصوائت.

كما يمكن تقسيم الصوائت من حيث ارتفاع اللسان في الفم إلى ثلاثة أنواع:

١. صوائت عالية: وهي الكسرة القصيرة والكسرة الطويلة والضمة القصيرة والضمة الطويلة.

٢. صوائت وسطية: وهي الفتحة القصيرة.

٣. صوائت منخفضة: وهي الفتحة الطويلة.

ويمكن تقسيم الصوائت من حيث جزء اللسان الذي يشترك في نطقها إلى ما يلي:

١. صوائت أمامية: وهي الكسرة القصيرة والكسرة الطويلة.

٢. صوائت مركزية: وهي الفتحة القصيرة والفتحة الطويلة.

٣. صوائت خلفية: وهي الضمة الطويلة والضمة القصيرة.

شكل (٢): الصوائت العربية

		أمامي		مركزي		خلفي	
		مدور	غير مدور	مدور	غير مدور	مدور	غير مدور
عالٍ	مغلق		الكسرة الطويلة			الضمة الطويلة	
	مفتوح		الكسرة القصيرة			الضمة القصيرة	
وسطي	مغلق				الفتحة القصيرة		
	مفتوح						
منخفض	مغلق						
	مفتوح				الفتحة الطويلة		

بعض المشكلات النطقية:

عندما يتعلم غير العربي اللغة العربية، فمن المحتمل أن يواجه بعض الصعوبات المتعلقة بالنطق. وتنشأ هذه الصعوبات عن العوامل الآتية:

(١) قد يصعب على المتعلم أن ينطق بعض الأصوات العربية غير الموجودة في لغته الأم.

(٢) قد يسمع المتعلم بعض الأصوات العربية ظاناً إياها أصواتاً تشبه أصواتاً في لغته الأم، مع العلم أنها في الواقع خلاف ذلك.

(٣) قد يخطئ المتعلم في إدراك ما يسمع فينطق على أساس ما يسمع، فيؤدي خطأ السمع إلى خطأ النطق.

(٤) قد يخطئ المتعلم في إدراك الفروق الهامة بين بعض الأصوات العربية ويظنها ليست هامة قياساً على ما في لغته الأم. فإذا كانت لغته لا تفرق بين /س، ز/ أو بين /ث،ظ/ أو بين /ت، ط/ فإنه يميل إلى إهمال هذه الفروق حين يسمعها في العربية أو عند نطقه اللغة العربية.

(٥) قد يضيف المتعلم إلى اللغة العربية أصواتاً غريبة عنها يستعيرها من لغته الأم. فقد يميل الأمريكي إلى إضافة صوت /p/ أو /v/ إلى العربية لأنها أصوات مستعملة في لغته الأم.

(٦) قد ينطق المتعلم الصوت العربي كما هو منطوق في لغته الأم، لا كما ينطقه العربي. مثلاً، قد يميل الأمريكي إلى نطق (ت) العربية على أنها لثوية بدلاً من كونها أسنانية وقد يحصل ذلك بالنسبة إلى /د/ العربية أيضاً.

(٧) قد يصعب على المتعلم نطق صوت عربي ما لاعتبارات اجتماعية. فبعض الشعوب تعتبر إخراج اللسان من الفم سلوكاً معيباً. ولهذا يصعب على مثل هؤلاء نطق /ث/ أو /ذ/.

(٨) قد تجد صوتاً مشتركاً بين العربية واللغة الأم لمتعلم ما، ولكن هذا الصوت يشكل صعوبة لدى المتعلم في بعض المواقع. فالإنجليزي لا ينطق /هـ/ في آخر الكلمة في لغته الأم، رغم أنه ينطقها في أول الكلمة أو وسطها. ولهذا فإن /هـ/ عندما تكون في آخر الكلمة العربية تشكل صعوبة في النطق للمتعلم الإنجليزي أو الأمريكي.

(٩) من الأصوات الصعبة على غير العربي /ط، ض، ص، ظ/. فهي أصوات مفخمة أو مطبقة أو محلقة، تعرضت لتفخيم، أي إطباق أو تحليق. وقد يصعب على المتعلم تمييز /ط/ عن /ت/، وتمييز /ض/ عن /د/، وتمييز /ص/ عن /س/، وتمييز /ذ/ عن /ظ/.

(١٠) ومن الأصوات الصعبة على غير العربي /خ/ و /غ/. بل إن التمييز بينهما يصعب أحياناً على الطفل العربي.

(١١) كذلك قد يصعب على غير العربي التمييز بين /هـ/ و /ح/ والتمييز بين الهمزة و /ع/ وبين /ك/ و /ق/.

(١٢) قد يصعب على غير العربي التمييز بين الهمزة والفتحة القصيرة.

(١٣) قد يصعب على المتعلم أن يدرك الفرق بين الفتحة القصيرة والفتحة الطويلة، مثل (سمر، سامر).

(١٤) قد يصعب عليه التمييز بين الضمة القصيرة والضمة الطويلة، مثل (قتل، قوتل).

(١٥) قد يصعب عليه التمييز بين الكسرة القصيرة والكسرة الطويلة، مثل (زر، زير).

(١٦) قد يصعب عليه نطق /ر/ العربية التكرارية أو المرددة. فقد ينطقها انعكاسية، كما يفعل الأمريكيون أو لا ينطقها إذا جاءت نهائية كما يفعل بعض الإنجليز.

النبر في اللغة العربية:

توجد في العربية ثلاث درجات من النبر هي :

١. النبرة الرئيسية: ورمزها الفونيمي هو / ˏ /.

٢. النبرة الثانوية: ورمزها الفونيمي هو /^/.

٣. النبرة الضعيفة: ورمزها الفونيمي هو / ˊ / .

والنبر العربي من الممكن التنبؤ به، إذ يخضع توزيعه لقوانين معينة منها ما يلي:

١. إذا كانت الكلمة من مقطع واحد، فتأخذ نواة المقطع نبرة رئيسية، مثل غن، من، لن.

٢. إذا كانت الكلمة ذات مقطعين قصيرين أو ثلاثة مقاطع قصيرة، فيأخذ المقطع الأول نبرة رئيسية وتأخذ باقي المقاطع نبرات ضعيفة، مثل درس، جلس.

٣. إذا كانت الكلمة ذات مقطعين طويلين أو ثلاثة مقاطع طويلة، فإن المقطع الأخير يأخذ نبرة رئيسية وتأخذ المقاطع الأخرى نبرات ثانوية، مثل ناسون، طاووس.

٤. إذا كانت الكلمة ذات مقطعين أو ثلاثة، فآخر مقطع طويل يأخذ نبرة رئيسية. وبقية المقاطع تأخذ نبرة ثانوية إذا كانت طويلة، ونبرة ضعيفة إذا كانت قصيرة، مثل كاتب، كتاب، نائم، صائم، صيام، صائمون.

٥. إذا كانت الكلمة من أربعة مقاطع، فإن المقطع الثاني يأخذ نبرة رئيسية، إلا إذا

كان الثالث أو الرابع طويلاً. مثال ذلك مدرسة، طاولةً، بنايةً.

٦. إذا كانت الكلمة من خمسة مقاطع، فتقع النبرة الرئيسية على المقطع الثالث إلا إذا كان الرابع أو الخامس طويلاً، مثل مدرستنا، كتابتنا، بنايتنا.

٧. إذا كانت الكلمة من ستة مقاطع أوأكثر، فإن آخر مقطع طويل يأخذ النبرة الرئيسية، مثل استقبالاتهن.

وفي الواقع، إن نطق الكلمة بالنبر الصحيح مهم كنطق أصواتها بالطريقة الصحيحة. ومن الصعوبات النبرية التي تواجه متعلم العربية من غير العرب ما يلي:

١. قد يعطي المتعلم النبرة الرئيسية لمقطع غير المقطع الصحيح.

٢. كثيراً ما ينشأ عن النبر في غير موقعه الصحيح إطالة الصائت القصير، مثل (صام)، فتنطق كأنها (صاما)، مما ينشأ عن ذلك تغيير في المعنى.

٣. قد يعطي المتعلم أكثر من نبرة رئيسية واحدة للكلمة الواحدة، مخالفاً بذلك قانون النبر العربي الذي يعطي نبرة رئيسية واحدة للكلمة الواحدة.

٤. قد ينقل المتعلم نظام النبر السائد في لغته الأم إلى اللغة العربية التي يتعلمها، مما يحدث خللاً في نبراته العربية.

انتقال أثر التعلم:

عندما يتعرض المتعلم للعربية يبدأ في تعلمها بعد أن تكون قد نشأت لديه عادات لغوية محددة اكتسبها من بيئته اللغوية الأولى التي تعلم منها لغته الأولى. وفي الواقع، إن عادات المتعلم من لغته الأولى تعمل في اتجاهين مختلفين:

١. بعض العادات اللغوية الأولى تساعد المتعلم في تعلمه العربية، وذلك حين يكون هناك تشابه بين اللغة الأم واللغة العربية. فإذا كانت اللغة الأولى تحتوي على صوت لغوي

موجود في اللغة العربية بنفس المخرج ونفس التوزيع، فهذا عامل مساعد في تعلم العربية ويكون انتقال أثر التعلم هنا عامل تسهيل في تعلم المهارة الجديدة.

٢. بعض العادات اللغوية الأولى تعيق تعلم العربية. ويكون ذلك حين يقع تناقض أو تعارض بين النظام الصوتي في اللغة الأم والنظام الصوتي في اللغة العربية. فقد تتسلل أصوات من اللغة الأولى إلى العربية حين ينطقها متعلم ما. وقد يصعب على المتعلم نطق أصوات عربية لأنها غير موجودة في لغته. انتقال أثر التعلم هنا عامل إعاقة في تعلم المهارة اللغوية الجديدة.

الفروق الصوتية والفروق الفونيمية:

لا شك أنه سيكون من الصعب على المتعلم المبتدئ أن ينطق العربية كما ينطقها أهلها. فمهما حاول وجد وأجاد فسيظهر من نطقه أنه ينطق العربية لغة ثانية. وسوف يختلف نطقه للمفردات عن نطق العربي. فهل يحق للمعلم أن يتساهل في هذا أم عليه أن يطلب من المتعلم أن ينطق العربية كما ينطقها أهلها تماماً؟

للإجابة عن هذا السؤال، لابد من التمييز بين نوعين من الفروق:

١. الفروق الصوتية: يقصد بالفرق الصوتي ذلك الفرق الذي لا يحدث تغييراً في المعنى. فإذا نطق المتعلم /ت/ جاعلاً إياها لثوية بدلاً من كونها أسنانية، كان الفرق صوتياً لأنه لا يؤثر في المعنى. وإذا نطق المتعلم /د/ جاعلاً إياها لثوية بدلاً من كونها أسنانية، كان الفرق صوتياً لأنه لا يؤثر في المعنى. وإذا نطق المتعلم /ر/ العربية جاعلاً إياها انعكاسية بدلاً من كونها تكرارية، كان هذا الفرق صوتياً لا تأثير له على المعنى. ولهذا، من الممكن للمعلم أن يتجاهل أخطاءً من هذا النوع. ولا نقول إن عليه أن يشجع مثل هذه العادات. ولكن نقول إنه من الممكن تجاهلها أحياناً من أجل التركيز على أخطاء أكثر خطورة.

٢. الفروق الفونيمية: يقصد بالفرق الفونيمي ذلك الفرق الذي يؤثر في المعنى. فإذا

قال المتعلم (زال) بدلاً من (سال) فهذا فرق فونيمي وخطأ فونيمي لأنه يؤثر في المعنى. والفرق بين /ت، ط/ في اللغة العربية فرق فونيمي، وكذلك الفروق بين كل من الثنائيات الآتية: /ت،ط/ في اللغة العربية فرق فونيمي. وكذلك الفروق بين كل من الثنائيات الآتية: /ت،د/، /د،ض/، /ك، ق/، /ث،ذ/، /س،ز/، /ذ،ظ/، /س، ص/، /س،ش/، /ح،هـ/ /ح،ع/، /ء، هـ/.

مثل هذه الفروق الفونيمية هي الفروق الهامة التي يجب عدم التساهل بشأنها، كما يجب التركيز عليها أثناء تعليم العربية ومفرداتها وأصواتها. أما الفروق الصوتية فيمكن غض النظر عنها في البداية من أجل التركيز على الأهم. ومع ذلك فعلى المعلم أن يكون القدوة في النطق في جميع الحالات.

الثنائيات الصغرى:

من أفضل الطرق لإبراز الفرق بين صوتين الثنائية الصغرى. ويقصد بهذه الثنائية كلمتان تختلفان في المعنى وتتشابهان في النطق إلا في موقع صوت واحد، مثل سال، زال. وقد يكون الموقع أولياً أو وسطياً أو ختامياً.

ومن أمثلة التقابل الأولى ما يلي:
سامَ، صامَ /س، ص/.
سراب، شرابٌ /س،ش/.
عل، هلَّ /ع، هـ/.
تلاَ، طلى /ت، ط/.
ومن أمثلة التقابل الوسطى ما يلي:
لكمَ، لثمَ /ك،ث/
جرى، جزى /ر،ز/
نائم، ناقم /ء، ق/
صابرَ، صاهرَ /ب،هـ/.
ومن أمثلة التقابل الختامي ما يلي:
أصواف، أصوات /ف، ت/
أصنام، أصناف /م، ف/.

فروق، فروضْ /ق، ض/.

موقدْ، موقعْ /د، ع/.

تفيد هذه الثنائيات الصغرى المعلم من عدة نواح:

(١) يتدرب المتعلم على التمييز بين الأصوات المتقاربة والمتقابلة.

(٢) نظراً لاختلاف الثنائية الصغرى المقصور على موقع واحد، يصبح من الممكن للمتعلم أن يركز على الفرق بين صوتين فقط في كل ثنائية أثناء الاستماع والنطق.

(٣) يعطى المتعلم الدليل وراء الدليل والمثال وراء المثال على مدى تأثير الفرق بين الصوتين في المعنى.

تمارين النطق:

حين يكتشف المعلم أن تلاميذه لا يفرقون بين صوتين مثل /ت،ط/ أو /ك، ق/ أو /س،ز/، فإن عليه أن يفعل شيئاً لمساعدتهم في التغلب على هذه المشكلة. وعليه أن يقوم بما يلي:

١. يحدد المعلم الصوتين موضع الإشكال عند طلابه.

٢. يختار المعلم عدداً كافياً من الثنائيات الصغرى التي يتقابل فيها هذان الصوتان. ويستحسن أن يكون التقابل في مواقع أولية ومواقف وسطية ومواقع ختامية. ولنفرض أن الصوتين هما /ك، ق/.

٣. يتفق المعلم مع طلابه على رقم لكل صوت. مثلاً /ك/ هي الصوت (١) و /ق/ هي الصوت (٢).

٤. ينطق المعلم كلمة من قائمة الثنائيات الصغرى ويطلب من طلابه التعرف على الصوت المنشود: هل هو الصوت (١) أم الصوت (٢)؟ يتكرر تمرين التعرف على كلمات متعددة من قائمة الثنائيات.

٥. يرتب المعلم قائمة الثنائيات مثنى مثنى بحيث تبدأ كل ثنائية بالصوت الأسهل، مثلاً /ك/. وتكون الكلمة الثانية في الثنائية محتوية على الصوت /ق/.

٦. يبدأ تمرين النطق بأن ينطق المعلم الكلمة والطلاب يستمعون ثم يرددون من بعده بطريقة جمعية، ثم بطريقة المجموعات، ثم بطريقة فردية.

٧. يدمج المعلم الكلمات في جمل أو أشباه جمل ويقدم المثال المنطوق ثم يردد الطلاب من بعده بطريقة جمعية، ثم بالمجموعات، ثم فرادى.

أنواع التكرار:

عندما يطلب المعلم من طلابه أن يكرروا شيئاً من بعده، فإن تكرارهم يكون على ثلاثة أنواع:

١. التكرار الجمعي: وهو تكرار يشترك فيه الصف كله. ويأتي هذا التكرار قبل سواه من أنواع التكرار. وهو مفيد في التغلب على خجل بعض الطلاب من التكرار الفردي. كما أنه يخلق روحاً جماعية في الصف. ويفيد في تشجيع بعض الطلاب على تجريب نطق الكلمة أو الجملة وسط جماعة قبل نطقها انفرادياً.

٢. التكرار الفئوي: وهو تكرار تشترك فيه فئة من الصف، وليس الصف كله. ومن الممكن للمعلم أن يقسم الصف إلى فئات تتكون كل منها من سرب من الطلاب يجلسون في سرب من المقاعد تمتد من مقدمة الصف إلى آخره. والتكرار الفئوي مرحلة متوسطة بين التكرار الجمعي والتكرار الفردي. ومن فائدته تقليل عدد الطلاب المشتركين في التكرار بحيث يمكن للمعلم أن يكتشف بعض الأخطاء الفردية وأن يراقب الطلاب بشكل أفضل مما هو عليه الحال في التكرار الجمعي.

٣. التكرار الفردي: وهو تكرار يقوم به طالب واحد في الوقت الواحد، ثم يتلوه طالب ثاني وطالب ثالث حتى يشترك جميع طلاب الصف أو معظمهم أو بعضهم. وهذا هو أفضل أنواع التكرار وأكثره فائدة لأنه أقرب الأنواع إلى طريقة الكلام العادي. فالمرء حين يتكلم يتكلم عادة وحده ولا يتكلم بطريقة جميعة أو فئوية. كما أن التكرار الفردي يمكن المعلم من متابعة ما يقوله الطالب وتصحيحه إذا لزم. غير أن لهذه الطريقة عيباً هو استغراق وقت طويل قد لا يكون متوفراً دائماً، وخاصة إذا كان عدد طلاب الصف كبيراً. وعلى المعلم أن يوازن بين أنواع التكرار المختلفة وفقاً للوقت المتاح له وحجم الصف الذي يدرسه.

تنظيم التكرار:

في إدارة تمرين للنطق يراد منه التكرار، يتبع المعلم ما يلي:

(١) ينطق المعلم النموذج المطلوب مرتين أو ثلاث والطلاب يستمعون.

(٢) يعطي المعلم لطلابه إشارة تطلب منهم التكرار الجمعي.

(٣) يكرر المعلم نفس الإشارة إذا أراد أن يكرر الطلاب بطريقة جمعية.

(٤) يعطي المعلم إشارة تطلب من الطلاب بدء التكرار الفئوي.

(٥) يكرر المعلم نفس الإشارة إذا أراد أن يبدأ طلابه التكرار الفئوي مرة ثانية.

(٦) يعطي المعلم إشارة تطلب من الطلاب بدء التكرار الفردي.

(٧) أثناء التكرار الفردي، يستمع المعلم لاستجابات الطلاب فيصحح ما يحتاج إلى تصويب ويشجع من يستحق التشجيع ويثني على من يستحق الثناء.

إشارات يدوية:

من المفيد أن يستخدم المعلم يده لإعطاء إشارات يدير بها التمارين. ومن الممكن أن تكون لكل معلم إشاراته الخاصة به والتي يتفق مع طلابه عليها. وفي الغالب يحتاج المعلم إلى الإشارات الآتية:

١. إشارة بدء التكرار الجمعي. ومن الممكن أن تكون هذه بمد الذراع والراحة إلى أسفل ثم تمرير اليد من طرف غرفة الصف إلى الطرف الآخر.

٢. إشارة بدء التكرار الفئوي. ومن الممكن أن تكون هذه بإشارة اليد نحو الفئة اليمنى، ثم التي تليها، ثم التي تليها وهكذا.

٣. إشارة بدء التكرار الفردي. وتكون هذه باستخدام السبابة مشيرة إلى الطالب الأول في الفئة اليمنى في الصف.

٤. إشارة إيقاف التكرار. يحتاج المعلم إلى إشارة تعني إيقاف التكرار. وقد تكون هذه رفع راحة اليد باتجاه الطلاب.

ومن فوائد استخدام الإشارات ما يلي:

(١) إيجاد وسيلة سريعة للاتصال بين المعلم وطلابه.

(٢) عدم استخدام الكلمات والجمل في إصدار التوجيهات لأن الطلاب قد يظنونها جملاً للتكرار لا للتوجيه.

(٣) توفير الوقت والجهد من جانب المعلم.

ومن المهم في استخدام الإشارات أن تكون ثابتة واضحة تصدر من المعلم في الوقت المناسب. وإلا فستكون مصدر بلبلة واضطراب في غرفة الصف.

أسس تمارين النطق:

تستند تمارين النطق على عدة مبادئ رئيسية، منها:

١. من المفيد استخدام الثنائيات الصغرى في تمارين النطق.

٢. عند تقديم نموذج النطق الذي سينطقه الطالب، نبدأ بالصوت الأسهل ونجعله في الكلمة الأولى من الثنائية ونجعل الصوت الأصعب في الكلمة الثانية.

٣. ندرب الطلاب على الأصوات مستخدمين كلمات أولاً، ثم أشباه جمل ثانياً، ثم جملاً ثالثاً.

٤. قبل أن نذوب الطلاب على النطق، ندربهم على تمييز الأصوات والتعرف عليها. وبهذا تسبق تمارين التعرف تمارين النطق.

٥. عند تكرار الطلاب، نبدأ بالتكرار الجمعي، ثم التكرار الفئوي، ثم التكرار الفردي.

٦. نستخدم إشارات اليد لإدارة التمارين النطقية بكفاءة ودراية.

٧. يجب على المعلم أن يستخدم العربية الفصيحة في تدريسه وأن يبتعد عن اللهجات العامية، لأن العربية الفصيحة هي لغة القرآن ولغة العلم والثقافة وهي اللهجة الموحدة للشعوب العربية واللهجة المنشودة للأمة الإسلامية.

الوسائل المعينة:

من الوسائل المعينة في تدريبات النطق ما يلي:

١. المرآة. من المفيد للمتعلم أحياناً أن يستخدم مرآة ينظر إليها وهو ينطق بعض الأصوات التي يجد صعوبة في نطقها. فإذا أراد المتعلم أن يتدرب على نطق /ث/ مثلاً، فعليه أن يضع رأس لسانه بين أسنانه العليا وأسنانه السفلى. وبنظرة إلى المرآة يستطيع أن يراقب حركات لسانه وموضعه بين أسنانه.

٢. الرسوم. من المفيد أن يعرض المعلم على طلابه رسوماً وصوراً توضح جهاز النطق وأعضاء هذا الجهاز والدور الذي يمكن أن يلعبه كل عضو في عملية النطق. بل من الممكن أن يكون هناك رسم يوضح مخرج كل صوت لغوي. مثل هذه الرسوم تعين المتعلم على إدراك الأعضاء التي تشترك في نطق الصوت وإدراك كيفية نطقه.

٣. الشرح. من المفيد أن يشرح المعلم كيفية نطق صوت ما ومكان نطقه والأعضاء المشتركة في نطقه. فالشرح اللفظي يفيد حتى دون رسوم وصور وأشكال.

اقتراحات للمعلم:

إذا أراد المعلم أن يقلل من مصاعب طلابه في النطق، فمن المستحسن أن يأخذ في

الاعتبار الاقتراحات الآتية:

(١) يجب أن يستمع الطلاب للنموذج قبل أن يكرروه. دع الطلاب يستمعوا للجملة أو الكلمة مرتين أو ثلاث ثم يكررونها من بعدك.

(٢) على المعلم أن يحضر درسه جيداً قبل دخول الصف وأن يتأكد من لفظ كل كلمة بطريقة صحيحة من حيث صوامتها وصوائتها وحركاتها ومن حيث التنبير أيضاً. فالمعلم يعطي النموذج اللغوي وهو القدوة في ما ينطق. فإذا علم بطريقة خاطئة فسوف يصعب عليه أو على سواه أن يصحح الخطأ الذي تعلمه طلابه منه.

(٣) يجب أن يهتم المعلم بالنطق الصحيح، ليس في ما يتعلق بالفونيمات القطعية فقط، أي بالصوامت والصوائت، بل عليه أن يعني بالفونيمات الفوقطعية أيضاً، أي النبرات والفواصل والأنغام.

(٤) يجب على المعلم أن يدرب تلاميذه على النطق الصحيح من ناحية وعلى التكلم بالسرعة العادية من ناحية أخرى. وهذا يعني أنه لا يستحب منه نطق الجملة بالسرعة البطيئة غير العادية لأن مثل هذه السرعة تضيع التنغيم السليم للجملة وتؤدي إلى إطالة الصوائت القصيرة وتجعل النطق متكلفاً غير مألوف. ويتحقق هدف السرعة العادية عن طريق تقديم المعلم للنموذج بالسرعة العادية ليقتدي به الطلاب حين يكررون من بعده.

(٥) يجب أن يهتم المعلم بالنطق الصحيح أثناء تدريس المفردات والقواعد والقراءة وسائر المهارات اللغوية.

(٦) عند تدريس المفردات الجديدة، يحسن بالمعلم أن يلفت نظر طلابه إلى الحروف التي تكتب ولا تقرأ مثل الألف في (ذهبوا)، والحروف التي تكتب ولكنها تتحول إلى أصوات أخرى مثل اللام في أل التعريف حين تكون متبوعة بحرف شمسي مثل (التفاح).

(٧) على المعلم أن يعرف الأصوات العربية التي يصعب نطقها على طلابه وأن يعطي هذه الأصوات اهتماماً أكبر وتمارين أكثر من الأصوات السهلة.

(٨) على المعلم أن يكون مستعداً وقادراً على إعداد تمارين نطقية لمعالجة صعوبات النطق لدى طلابه.

مناقشة

(١) ما هي الأصوات العربية التي تدخل ضمن كل نوع مما يلي: الفونيمات القطعية، الفونيمات الفوقطعية، الوقفيات، الاحتكاكيات، الأنفيات، أشباه الصوائت، والصوائت القصيرة؟

(٢) ما الفروق بين نبرة الكلمة ونبرة الجملة والنبرة التقابلية؟ أعط أمثلة.

(٣) ما هي الأصوات التي توجد في العربية ولا توجد في لغتك الأم؟

(٤) ما الأصوات التي توجد في لغتك الأم ولا توجد في العربية؟

(٥) ما الأصوات المشتركة بين العربية ولغتك الأم؟

(٦) ما تأثير انتقال أثر التعلم على تعلم لغة أجنبية؟

(٧) أعط خمس عشرة ثنائية صغرى لكل مما يلي: /ث،ذ/، /ذ،ظ/، /ت،ط/، /ت،د/، /ع،غ/، /هـ ح/، /س،ز/، /س، ص/، /ك، ق/. اجعل خمسة أمثلة على التقابل الأولي وخمسة على التقابل الوسطي وخمسة على التقابل الختامي.

(٨) اختر مشكلة صوتية ما وحضر لها تمرين نطق. وعلى سبيل المثال مشكلة التمييز بين /ك،ق/. اجعل التمرين يحتوي على تمرين تعرف وعلى ثنائيات صغرى يتقابل فيها الصوتان في مواقع مختلفة وعلى أشباه جمل وجمل.

الفصل الثالث

تعليم التراكيب اللغوية

يقصد بالتراكيب اللغوية التراكيب النحوية، إذ إن من المهمات المطالب بها معلم العربية أن يعلم طلابه قواعد اللغة بصرفها ونحوها.

النظريات النحوية:

توجد في علم اللغة الحديث عدة نظريات نحوية يحسن بنا سرد بعضها لما لها من علاقة وتأثير على تعليم التراكيب اللغوية. ومن هذه النظريات النظرية التقليدية ونظرية المكونات المباشرة ونظرية القوالب والنظرية التحويلية. وسنعطي فيما يلي لمحة موجزة عن كل نظرية.

النظرية التقليدية:

وهي النظرية التي تقسم الكلمة إلى اسم وفعل وحرف. وتقسم الاسم إلى أنواع صرفية وأنواع وظيفية. وتقسم الفعل إلى أنواعه المعروفة من مجرد ومزيد وصحيح ومعتل ولازم ومتعد وماضٍ ومضارع وأمر ومبني ومعرب ومرفوع ومنصوب ومجزوم. وتقسم الحرف إلى أنواع منها حرف الجر وحرف العطف وحرف الشرط إلى غير ذلك. ومعظم كتب القواعد العربية القديمة والحديثة تتبع هذه النظرية.

نظرية المكونات المباشرة:

تنظر هذه النظرية الحديثة إلى الجملة على أنها مكونة من جزأين، كل جزء من هذين الجزأين الأخيرين مكون بدوره من جزأين أيضاً. وهكذا إلى أن نصل إلى الكلمة المفردة. فلو نظرنا إلى الجملة (هذه التفاحة حلو طعمها)، فإننا نستطيع أن نقسمها إلى جزأين هما: هذه التفاحة + حلو طعمها. ولو نظرنا إلى (التفاحة) لوجدنا أنها تتكون من ال + تفاحة. ولو نظرنا إلى (طعمها) لوجدناها تتكون من (طعم + ها).

نظرية القوالب:

ترى هذه النظرية أن الكلمات يمكن تصنيفها بطريقتين: إحداهما صرفية والأخرى نحوية، أي وظيفية. كما تعرف هذه النظرية الأنواع النحوية على أساس ما تشغله في القالب. وعلى سبيل المثال، تكون الكلمة اسماً إذا أمكن وقوعها في الخانة الفارغة في الجملة الآتية: هذا هو أل ـــــــ وتكون الكلمة فعلاً إذا أمكن وقوعها في الخانة الفارغة في : يستطيع أن ـــــــ وتكون الكلمة حرفاً إذا لم تكن اسماً أو فعلاً.

النظرية التحويلية:

هذه نظرية لغوية حديثة ظهرت في الخمسينات من القرن العشرين في الولايات المتحدة الأمريكية. ولقد تناولها مؤلف هذا الكتاب في كتابين أحدهما باللغة الإنجليزية والآخر باللغة العربية. فمن شاء التفاصيل يمكن أن يرجع إليهما وهما مذكوران في قائمة المراجع في آخر الكتاب. ولكن هنا نكتفي بإعطاء فكرة موجزة عن هذه النظرية:

(١) حسب هذه النظرية، لكل جملة تركيب ظاهري وتركيب باطني.

(٢) يتحول التركيب الباطني إلى التركيب الظاهري بوساطة قوانين تحويلية بعضها إجباري وبعضها اختياري.

(٣) تمتاز هذه النظرية وقواعدها بأقصى درجات الوضوح والبعد عن الضمنية لأنها تضع كل خطوة تحويلية في قانون، فلا شيء يذكر ضمناً أو يحذف ضمناً.

(٤) تتبع هذه النظرية الشكل العلمي من حيث الترميز والاختصارات والصيغ والأرقام.

النظريات الأربع والتدريس:

من الممكن الاستفادة من النظريات الأربع المذكورة في تعليم التراكيب اللغوية على النحو الآتي:

١. كل ما تعطيه لنا النظرية التقليدية من تصنيفات وأحكام يعتبر مفيداً لمعلم العربية، بل أمراً لا غنى عنه. فأنواع الفعل وأنواع الاسم وأنواع الحرف والوظائف النحوية من فاعل ومفعول ومبتدأ وخبر وما شابه هذا تفيد المعلم وتيسر له عمله وتفيد المتعلم وتقرب إليه تعلم اللغة. والمهم هو أن يختار المعلم المهم ويؤجل غير المهم.

٢. أما نظرية المكونات المباشرة فمن الممكن الاستفادة من تطبيقها في تحليل الجملة وفي تعويض أجزائها. إذ من الممكن أن نعطي الطلاب تمرينات على تعويض كل كلمتين بكلمة واحدة مع المحافظة على بناء الجملة.

٣. أما نظرية القوالب فهي تقدم لنا خدمة ممتازة في المران على القوالب. فالتدريبات اللغوية تستدعي التكرار مع التعويض. فمن الممكن أن نكرر قالباً ما مع تعويض الاسم في كل مرة. فإذا كانت الجملة (هذا ولدٌ مجتهدٌ)، فمن الممكن أن نكرر الجملة مع تعويض كلمة (ولد) بسلسلة من الكلمات المناسبة مثل طبيب، معلم، مزارع، عامل، طالب، تلميذ. فيعطينا الطلاب جملة مختلفة في كل مرة على هذا النحو:

هذا طبيب مجتهد.

هذا مزارع مجتهد.

هذا عامل مجتهد.

هذا طالب مجتهد.

هذا تلميذ مجتهد.

٤. أما النظرية التحويلية فتعطينا الأساس النظري لتمارين هامة من مثل تحويل الجملة المثبتة إلى منفية وتحويل الجملة الاستفهامية إلى إخبارية وتحويل الإخبارية إلى استفهامية وتحويل الجملة الاسمية إلى فعلية والفعلية إلى اسمية وهكذا.

المعنى القواعدي:

تستمد الجملة معناها من تركيبها القواعدي ومن مفرداتها. ولهذا فإن الجملة معنيين المعنى القواعدي والمعنى المفرداتي. والمعنى المفرداتي. والمعنى القواعدي يتكون من أربعة عناصر هي:

(١) نظم الكلمات. إن ترتيب الكلمات في الجملة يوحي بمعانٍ معينة. فلو تتابع فعل واسم وفعل فإن التصاق فعل ما باسم ما يوحي بوجود علاقة خاصة بينهما. وإذا اختفت حركات الإعراب، فإن مواقع الكلمات تكون ذات دلالة. وعلى سبيل المثال، فإن جملة (سأل موسى عيسى) تعني أن السائل هو موسى والمسؤول هو عيسى، وقد انتقل هذا المعنى عبر نظم الكلمات. وإذا قيل (سأل عيسى موسى) أصبح عيسى هو السائل وموسى هو المسؤول. وهكذا، فإن ترتيب الكلمات في الجملة يساعد في تكوين المعنى، وبذلك يكون نظم الكلمات عنصراً من عناصر المعنى القواعدي، الذي هو بدوره من عناصر المعنى الكلي للجملة.

(٢) الكلمات الوظيفية. من الممكن تقسيم كلمات اللغة إلى نوعين: كلمات المحتوى وكلمات وظيفية. فالأسماء والصفات والأفعال والضمائر والظروف كلمات محتوى. أما حروف العطف وحروف الجر وحروف الشرط وحروف الاستفهام وسواها من الحروف فهي كلمات وظيفية. فحرف الجر له معنى بحد ذاته، ولكن له وظيفة أخرى إذ يدل على أن ما بعده اسم. وأن المصدرية ليس لها معنى ولكن لها وظيفة وهي الدلالة على

أن ما بعدها فعل مضارع بالإضافة إلى نصبها لهذا الفعل. وهكذا، فالحروف كلمات وظيفية، بعضها له معنى وبعضها ليس له معنى بحد ذاته. ولكن الكلمات الوظيفية تدل على علاقة ما بعدها بما قبلها أو تدل على نوعية ما بعدها أو تؤثر فيما بعدها أو تفعل كل ذلك في آن واحد.

(٣) التنغيم. من الممكن أن تكون مفردات الجملة ونظم كلماتها ثابتاً، ولكن يمكن أن تنطق الجملة الواحدة بعدة أشكال تنغيمية فيؤدي كل شكل معنى مختلفاً. فمن الممكن أن تكون الجملة إخبارية أو استفهامية أو تعجبية دون تغيير مفرداتها، وذلك عن طريق التحكم في التنغيم. وبذلك يكون التنغيم أحد عناصر المعنى القواعدي للجملة. فالجملة (قرأت كتابين أمس)، من الممكن أن تقال لتكون إخباراً أو تقال لتكون تعجباً أو تقال لتكون استفهاماً.

(٤) الصيغة الصرفية. إن الصيغة الصرفية للكلمة تساعد في تشكيل المعنى. فصيغة (فاعل) تدل على أن الكلمة تدل على اسم فاعل. وصيغة (مفعول) تدل على أن الكلمة اسم مفعول. وصيغة تنتهي بـ (ات) قد تدل على جمع المؤنث السالم. وصيغة تنتهي بـ (ون) قد تدل على جمع المذكر السالم. وصيغة (فعيل) تدل على صفة مشبهة. وصيغة تنتهي بـ (ان) تدل على مثنى. وهكذا، فإن الصيغ الصرفية ذات دلالة تساهم مع سواها في تشكيل المعنى القواعدي للجملة.

تدريس المعنى القواعدي:

إن المعنى القواعدي للجملة مهم مثل المعنى المفرداتي. فقد يفهم القارئ أو السامع معاني المفردات في جملة ما ولكنه لا يفهم المعنى الكلي للجملة لأنه لم يفهم المعنى القواعدي للجملة. فإذا لم يفهم القارئ أو السامع طبيعة العلاقات بين كلمات الجملة الواحدة، فإن هذا يعيق فهم المعنى. ومن المعروف أن الكتابة العربية غير مشكولة في معظم الحالات. وهذا يعني أن كشف العلاقات النحوية بين الكلمات يكون من مهمة القارئ.

ومن العلاقات التي يتوجب اكتشافها عند القراءة ما يلي:

١. العلاقة بين الفعل وفاعله.

٢. العلاقة بين الفعل والمفعول به.

٣. العلاقة بين الفاعل والمفعول به.

٤. العلاقة بين الصفة والموصوف.

٥. العلاقة بين فعل الشرط وجوابه.

٦. العلاقة بين الجار والمجرور.

٧. العلاقة بين المعطوف والمعطوف عليه.

٨. العلاقة بين المضاف والمضاف إليه.

٩. العلاقة بين شبه الجملة والمتعلق.

١٠. العلاقة بين المبتدأ والخبر.

١١. العلاقة بين كان واسمها وخبرها.

١٢. العلاقة بين إن واسمها وخبرها.

١٣. العلاقة بين النافي والمنفي.

على المعلم أن يساعد طلابه في فهم المعنى القواعدي للجملة، وذلك عن طريق ما يلي:

(١) على المعلم أن يبرز كيف تؤثر مواقع الكلمات في الجملة على معنى الجملة كما على المعلم أن يبين لتلاميذه كيف تترابط كلمات الجملة الواحدة. فلكل فعل فاعل. ولكل فاعل فعل. ولكل مبتدأ خبر. ولكل صفة موصوف. ولكل مفعول به فاعل وفعل. ولكل أداة شرط فعل وجواب. ولكل أداة عطف معطوف ومعطوف عليه. ولكل جار مجرور. ولكل مضاف مضاف إليه. ولكل جاز مجزوم. ولكل ناصب منصوب. ولكل واحدة من كان وأخواتها اسم وخبر. ولكل واحدة من إن وأخواتها اسم وخبر. وهكذا مع سائر العلاقات النحوية.

(٢) على المعلم أن يبين لطلابه الدور الذي تلعقبه الكلمات الوظيفية في المعنى

فحرف الجر يدل على أن ما بعده اسم. وحرف الشرط يسم الفعل. وحرف القسم يسم الاسم. وحرف الاستفهام يسم الجملة.

(٣) على المعلم أن يبين لطلابه كيف أن التنغيم يؤثر في المعنى وأن تنغيم الجملة الإخبارية يختلف عن تنغيم الجملة الاستفهامية ويختلف عن تنغيم الجملة التعجبية. كما أن تغيير تنغيم الجملة الواحدة يؤدي إلى تغيير في معناها. وهذا يعني أن على المعلم أن يدرب طلابه على التنغيم الصحيح للجملة وأن يعطيهم النموذج الصحيح لهذا التنغيم.

(٤) على المعلم أن يهتم بالمعاني القواعدية للصيغ الصرفية. فهناك لواحق لها معانيها تضاف إلى الكلمات، مثل (ون) في نهاية جمع المذكر السالم، و (ات) في نهاية جمع المؤنث السالم، و (ان) في نهاية المثنى. وهناك سوابق تضاف إلى الفعل لها معانيها، مثل (أ) التي تعني (أنا) في بداية الفعل المضارع، (ن) التي تعني (نحن) في بداية الفعل المضارع، (ت) التي تعني (أنتَ) أو (أنتِ) في بداية الفعل المضارع أيضاً. هذه الزوائد الصرفية من سوابق ولواحق ذات دلالة لا يستهان بها، ويجدر بالمعلم أن يلفت نظر طلابه إليها في المستوى المناسب وبالكمية المناسبة والطريقة المناسبة.

الجملة والقالب:

الجملة والقالب مصطلحان مختلفان ولكنهما متصلان اتصالاً وثيقاً. فإذا قلنا (أكل الولد التفاحة) فهذه جملة. ولكن (فعل + فاعل+ مفعول به) هي قالب. ومن الممكن ذكر الفروق الآتية التي تبين دلالة مصطلح الجملة ودلالة مصطلح القالب:

(١) الجملة قول حقيقي، في حين أن القالب هو الصيغة الكامنة خلف الجملة.

(٢) يوجد في أية لغة عدد لا نهائي من الجمل التي سبق نطقها أو التي سيقع نطقها في المستقبل. أما عدد القوالب في أية لغة فهو عدد محدود ومعروف.

(٣) لكل جملة قالب واحد يطابقها، ولكن لكل قالب عدد لا نهائي من الجمل التي تطابقه. فإذا

قلنا (نام الولد نوماً)، فهذه الجملة يقابلها قالب واحد هو (فعل + فاعل + مفعول مطلق). ولكن

هذا القالب الأخير تتطابق معه ملايين الجمل في اللغة.

ومن الممكن إعطاء بعض الأمثلة على قوالب اللغة العربية :

(١) فعل + فاعل + مفعول به

كتب + الولد + الدرس

(٢) فعل + فاعل + مفعول مطلق

نام + الولد + نوماً

(٣) فعل + فاعل

جاء + زيدٌ

(٤) فعل + فاعل + جار + مجرور

جلس + الرجل + على + الكرسي

(٥) مبتدأ + خبر

التفاحة + حلوة

(٦) فعل + فاعل + حال

جاء + الولد + مسرعاً

(٧) فعل + فاعل + مفعول به + مفعول به

أخبر + الرجل + صديقه + الخبر

(٨) مبتدأ + جملة اسمية

الحديقة + أشجارها جميلة

(٩) مبتدأ + جملة فعلية

الشجرة + أثمرت.

وفي الواقع، إن عدد القوالب يتوقف على النظرية التي تكمن وراءها. فقد يقل عددها في نظر

باحث ما إذا رأى أن هناك قوالب ثانوية مشتقة من قوالب رئيسية وإذا أراد هذا

الباحث الاقتصار على القوالب الرئيسية. أما إذا أراد باحث ما ذكر القوالب كلها، أي الرئيسية والمشتقة، فقد يزيد عدد القوالب في نظره.

المران على القوالب:

إن تعليم التراكيب اللغوية هو في واقع أمره تعليم القوالب. وأفضل وسيلة لتعليم هذه القوالب هو المران عليها. وأفضل طريقة لهذا المران هو تحويل القالب إلى جمل ينطقها المتعلمون مع قليل من التعويض. وهكذا فإن المران على القوالب هو تكرار للقالب مع تغيير الكلمات.

التعويض ثابت الموقع:

ومن طرق المران على القوالب تمرين التعويض في الموقع الثابت أو الخانة الثابتة. فإذا كانت الجملة الأولى (ذهب الولد إلى المدرسة)، فمن الممكن اختيار موقع واحد يجري فيه التعويض، وليكن على سبيل المثال الموقع الأخير. وهكذا فإن التمرين قد يسير على النحو الآتي:

المعلم: السوق.

الطالب (١): ذهب الولد إلى السوق.

المعلم : البيت.

الطالب (٢): ذهب الولد إلى البيت.

المعلم: الحديقة.

الطالب (٣): ذهب الولد إلى الحديقة.

المعلم: المستشفى.

الطالب (٤): ذهب الولد إلى المستشفى.

التعويض متغير الموقع:

في هذا التمرين، يتم التعويض في خانات مختلفة تناسب المثير الذي يقدمه المعلم. وعلى سبيل المثال، قد يسير التمرين على النحو الآتي:

المعلم: ذهب الولد إلى المدرسة.

الصف: ذهب الولد إلى المدرسة.

المعلم: مشى.

الطالب (١): مشى الولد إلى المدرسة.

المعلم: الرجل.

الطالب (٢): ذهب الرجل إلى المدرسة.

المعلم: السوق.

الطالب (٣): ذهب الولد إلى السوق.

ومثل هذا التمرين أصعب من التعويض في الموقع الثابت، لأن على الطالب، في حالة التعويض متغير الموقع، أن يفكر في الخانة التي تناسب المثير الذي يقدمه المعلم ثم يجري التعويض. أما في حالة التعويض في الموقع الثابت، فالطالب يعرف خانة التعويض المحددة سلفاً وما عليه إلا أن يعيد الجملة مع تغيير كلمة واحدة.

التعويض البسيط:

في هذا النوع من التعويض، يقدم المعلم مثيراً واحداً في كل مرة، أي كلمة واحدة يجري تعويضها في الخانة المناسبة. مثال ذلك التمرين المذكور تحت العنوان الجانبي السابق.

التعويض المتعدد:

في هذا النوع من التعويض، يقدم المعلم مثيرين في المرة الواحدة، أي كلمتين. مثال ذلك ما يلي:

المعلم: يكتب الولد رسالة كل يوم.

الصف: يكتب الولد رسالة كل يوم.

المعلم: الرجل، أسبوع.

الطالب (١): يكتب الرجل رسالة كل أسبوع.

المعلم: الصديق، شهر.

الطالب (٢): يكتب الصديق رسالة كل شهر.

المعلم: علي، سنة.

الطالب (٣): يكتب علي رسالة كل سنة.

وبالطبع، إن التعويض المتعدد أصعب من التعويض البسيط لأن الأول فيه تعويضات والثاني فيه تعويض واحد.

التعويض بالمثير الشفوي:

إن المثير الذي يقدمه المعلم غالباً ما يكون شفوياً على شكل كلمة واحدة أو أكثر. مثال ذلك التمرين المذكور تحت العنوان الجانبي السابق.

التعويض بالمثير الصوري:

قد يكون المثير الذي يقدمه المعلم صورة يعرضها المعلم أمام الصف ويطلب من طالب ما أن يقول الجملة مجرياً التعويض اللازم وفقاً للصورة التي يراها. فبدل أن يقول

المعلم كلمة فإنه يعرض صورة. مثال ذلك ما يلي:

المعلم: اشترى أبوه سيارة.

الصف: اشترى أبوه سيارة.

المعلم: (يعرض صورة بيت).

الطالب (١): اشترى أبوه بيتاً.

المعلم: (يعرض صورة ساعة).

الطالب (٢): اشترى أبوه ساعة.

المعلم: (يعرض صورة كتاب).

الطالب (٣): اشترى أبوه كتاباً.

والتعويض بالمثير الصوري أصعب من التعويض بالمثير الشفوي، لأن على الطالب في الحالة الأولى أن يتذكر الكلمة المناسبة للصورة ثم يجري التعويض. ولكن في الحالة الثانية، يسمع الطالب المثير جاهزاً من المعلم وما عليه إلا أن يجري التعويض.

التعويض بالمثير المحسوس:

هنا يعرض المعلم المثير على شكل شيء محسوس. وهذا التمرين أصعب من التعويض بالمثير الشفوي لأن على الطالب أن يتذكر الكلمة المناسبة ثم يجري التعويض. ولكنه أسهل من التعويض الصوري، لأن الشيء المحسوس أوضح من الصورة. ومثال هذا التعويض ما يلي:

المعلم: اشترى صديقي ثلاجة.

الصف: اشترى صديقي ثلاجة.

المعلم: (يعرض كتاباً).

الطالب (١): اشترى صديقي كتاباً.

المعلم: (يعرض قلماً).

الطالب (٢) : اشترى صديقي قلماً.

المعلم: (يعرض ساعة).

الطالب (٣): اشترى صديقي ساعة.

التعويض بالمثير الخامل:

في مثل هذا التعويض، لا يؤثر المثير في باقي الجملة. وهذا هو المقصود بالمثير الخامل. إذ يجري التعويض في الخانة المناسبة دون إحداث تغييرات في عناصر الجملة الأخرى. مثال ذلك التمرين المذكور تحت العنوان الجانبي السابق.

التعويض بالمثير النشيط:

يقصد بالمثير النشيط ذلك المثير الذي يحدث تأثيراً في عناصر الجملة الأخرى. مثال ذلك ما يلي:

المعلم: هو باع ساعته.

الصف: هو باع ساعته.

المعلم: أنا.

الطالب (١): أنا بعت ساعتي.

المعلم: هي.

الطالب (٢): هي باعت ساعتها.

المعلم: أنتَ.

الطالب (٣): أنتَ بعتَ ساعتَك.

ومن الواضح أن التعويض بالمثير النشيط أصعب على الطالب من التعويض بالمثير الخامل، لأن الأول يستدعي إحداث تعديلات في بعض غناصر الجملة في حين أن الثاني لا يستدعي مثل ذلك.

التعويض التراكمي

في هذا التمرين، يجري التعويض في آخر جملة فيها تعويض. مثال ذلك ما يلي:

المعلم: إبراهيم تاجر أمين.

الصف: إبراهيم تاجر أمين.

المعلم: يوسف.

الطالب (١): يوسف تاجر أمين.

المعلم: محاسب.

الطالب (٢): يوسف محاسب أمين.

المعلم: سلمان.

الطالب (٣): سلمان محاسب أمين.

يلاحظ أن التعويض في كل مرة يجري في الجملة الأخيرة، وليس في الجملة الأولى التي بدأ بها التمرين. ولهذا سمي هذا التمرين بالتمرين التراكمي.

التعويض غير التراكمي:

يتم هذا التعويض بالرجوع إلى الجملة الأولى في كل الحالات. مثال ذلك ما يلي:

المعلم: علي طالب أمين.

الصف: علي طالب أمين.

المعلم: إسماعيل.

الطالب (١): إسماعيل طالب أمين.

المعلم: تاجر.

الطالب (٢): علي تاجر أمين.

المعلم: محمود.

الطالب (٣): محمود طالب أمين.

ويلاحظ هنا أن الطالب يجري التعويض في الجملة الأولى، في حين أن التعويض التراكمي يتم إجراؤه في آخر جملة يسمعها الطالب. ولقد ثبت من خلال الممارسة أن التمرين التراكمي أسهل من التمرين غير التراكمي.

التمرين الحلقي:

هذا التمرين الحلقي هو نوع من تمارين التعويض الذي يصمم بحيث ينتهي بالجملة نفسها التي بدأ بها. وهو لا شك تعويض متغير الموقع. مثال ذلك ما يلي:

المعلم: رأيت الرجل يقطع النهر.

الصف: رأيت الرجل يقطع النهر.

المعلم: الولد.

الطالب (١): رأيت الولد يقطع النهر.

المعلم: الشارع.

الطالب (٢): رأيت الولد يقطع الشارع.

المعلم : النهر.

الطالب (٣): رأيت الولد يقطع النهر.

المعلم : الرجل.

الطالب (٤): رأيت الرجل يقطع النهر.

هنا نرى أن آخر جملة انتهى بها التمرين هي ذاتها الجملة الأولى التي بدأ بها التمرين. ولهذا السبب يدعى مثل هذا التمرين التمرين الحلقي.

التمرين المتسلسل:

في هذا التمرين يسأل طالب سؤالاً فيجيب عليه جاره. ثم يسأل الطالب الثاني

السؤال نفسه ويجيب عليه جاره، الذي يقوم بدوره بتوجيه السؤال ذاته إلى طالب آخر مثال ذلك ما يلي:

الطالب (١): ما اسمك؟

الطالب (٢): اسمي علي. ما اسمك؟

الطالب (٣): اسمي أحمد. ما اسمك؟

الطالب (٤): اسمي هاني. ما اسمك؟

الطالب (٥): اسمي منير.

وميزة هذا التمرين أنه يوفر للطلاب فرصة لتوجيه الأسئلة إلى زملائهم. كما أنه مريح للمعلم نوعاً ما إذ يقتصر دوره على المراقبة والتصحيح إذا استدعى الأمر كما أنه يدخل جواً من البهجة في غرفة الصف لما فيه من تبادل للأسئلة والأجوبة بين الطلاب.

التمرين الرباعي:

يتكون التمرين الرباعي من أربع خطوات هي:

(١) يعطي المعلم مثيراً ما على شكل سؤال أو كلمة للتعويض.

(٢) يختار المعلم طالباً ليعطي جواباً على سؤال المعلم.

(٣) يعيد المعلم جواب الطالب أو يعدله ليعطي بذلك الإجابة النموذجية

(٤) يردد الصف الإجابة من بعد المعلم.

ومثال التمرين الرباعي ما يلي:

المعلم: متى يبدأ الدرس؟

الطالب: يبدأ الدرس الساعة السابعة.

المعلم: يبدأ الدرس الساعة السابعة.

الصف: يبدأ الدرس الساعة السابعة.

ومن فوائد هذا التمرين ما يلي:

(١) يعطي فرصة للتكرار الفردي في الخطوة الثانية منه.

(٢) يعطي فرصة للمعلم لتقديم الإجابة النموذجية، وهو ما يحدث في الخطوة الثالثة.

(٣) يعطي فرصة للتكرار الجمعي، كما يحدث في الخطوة الرابعة.

تمرين الدمج:

في تمرين الدمج، يطلب من الطالب أن يدمج جملتين في جملة واحدة بوساطة أداة شرط أو عطف أو أية أداة مناسبة. ومن أمثلة ذلك ما يلي:

(١) درس الطالب + لم ينجح الطالب + (لكن) = درس الطالب ولكنه لم ينجح.

(٢) لم يدرس الطالب + لم ينجح الطالب + (لو) = لو درس الطالب لنجح.

تمرين الإضافة:

يطلب من الطالب هنا أن يضع الكلمة في المكان المناسب في الجملة. ومن أمثلة ذلك ما يلي:

(١) إن يدرس ينجح + (الولد).

= إن يدرس الولد ينجح.

(٢) الحديقة جميلة + (أزهارها)

= الحديقة جميلة أزهارها.

أو = الحديقة أزهارها جميلة.

تمرين التكملة:

يعطى هنا جزء من الجملة ويطلب من الطالب أن يكملها بطريقة مناسبة. مثال ذلك :

(١) إن تزرع ....

(٢) إن تسأله ....

(٣) لو سألته............. .

(٤) لولا الماء ....

تمرين التحويل:

يطلب من الطالب هنا أن يحول الجملة من شكل إلى آخر. مثال ذلك:

(١) تحويل الجملة من الإثبات إلى النفي.

(٢) تحويل الجملة من النفي إلى الإثبات.

(٣) تحويل الجملة من الإخبار إلى الاستفهام.

(٤) تحويل الجملة من الاستفهام إلى الإخبار.

(٥) تحويل الجملة من الماضي إلى المضارع أو الأمر.

(٦) تحويل الجملة من المضارع إلى الماضي أو الأمر.

(٧) تحويل الجملة الاسمية إلى فعلية أو بالعكس.

(٨) تحويل الأسماء في جملة ما إلى ضمائر أو بالعكس.

تمرين التمدد:

يطلب من الطالب هنا أن يعيد ما حذف من الجملة. مثال ذلك:

(١) الكتاب على الطاولة.

= الكتاب موجود على الطاولة.

(٢) العصفور بين الأشجار.

= العصفور موجود بين الأشجار.

تمرين الاستبدال:

يطلب من الطالب هنا أن يضع كلمة واحدة مكان عدة كلمات. مثال ذلك:

(١) ذهب (إلى المدينة).

= ذهب هناك.

(٢) يفوز الرجل (الذي يجتهد)

= يفوز الرجل المجتهد.

(٣) أعتقد (بأنه مصيب)

= أعتقد بصوابه.

تمرين التعبئة:

يطلب هنا من الطالب أن يضع كلمة واحدة في الفراغ في جملة ما. مثال ذلك:

ــــ تسأل يجبك.

= إن تسأل يجبك.

(٢) سافر ــــ لندن.

= سافر إلى لندن.

(٣) الوقت ــــ ذهب.

= الوقت من ذهب.

(٤) يرغب ــــ دراسة العلوم.

= يرغب في دراسة العلوم.

تمرين الترتيب :

هنا تعطى كلمات دون ترتيب ويطلب من الطالب أن يرتبها لتكوين جملة مفيدة. مثال ذلك:

(١) عمره /أخي /أعوام /ستة

= أخي عمره ستة أعوام.

(٢) علم /علم /يدرس /اللغة /خصائص /اللغة.

= علم اللغة علم يدرس خصائص اللغة.

تمرين الاختيار من متعدد:

تعطى هنا عدة إجابات يختار منها الطالب الإجابة الصحيحة الواحدة ويستبعد الإجابات

الخاطئة. مثال ذلك:

(١) هذا هو ــــ .

أ. أخوه

ب. أخاه

حــ أخيه

د. إخوانه

(٢) الولدان ــــ

أ. يلعبون

ب. يلعبان

حــ لعبوا

د. يلعبا.

(٣) الحديقة سورها ـــــــ

أ.   عالية

ب. العالي

جـ عالي

د. عالٍ

تمرين التشكيل :

يطلب من الطالب هنا أن يشكل أواخر الكلمات في الجملة أو كلمات معينة فيها.

مثال ذلك ما يلي:

(١) جاء الولد مسرعاً.

= جاء الولد مسرعاً.

(٢) رأيت صديقه يسرع.

= رأيت صديقه يسرع.

تمرين تعديل الصيغة:

يطلب من الطالب هنا أن يعدل صيغة كلمة معينة في الجملة لتتلاءم مع باقي أجزاء الجملة.

مثال ذلك:

(١) الطالب لم (ينتهي) من الكتابة.

= الطالب لم ينته من الكتابة.

(٢) الطالبان لم (يكتبان) الدرس.

= الطالبان لم يكتبا الدرس.

(٣) رأيت (أبو) صديقي.

= رأيت أبا صديقي.

التراكيب والمواقف:

يستحسن عند تعليم تركيب لغوي جديد أن يتم ربط التركيب بموقف واقعي. ويفيد ذلك في
توضيح معنى التركيب وطريقة استعماله. ويمكن تحقيق هذه المواقف عن طريق ما يلي:

١. الأمثلة الواقعية. يستحسن في تدريس اللغة استخدام أمثلة واقعية بدلاً من استخدام أمثلة
وهمي. ويتم ذلك بربط هذه الجمل بواقع المعلم نفسه أو طلابه أو المدرسة أو الحياة الفعلية.

٢. الأسماء الحقيقية. بدلاً من استخدام جمل تتحدث عن أسماء وهمية، يستحسن استخدام
أسماء طلاب الصف كي يكون موضوع الجملة واقعياً حقيقياً ملتصقاً بالطلاب أنفسهم وعاداتهم
وأفعالهم.

٣. الجمل الصادقة. يستحسن استخدام جمل تتطابق مع الواقع والحقائق بدلاً من استخدام
جمل تخالف الواقع والحقائق العلمية.

٤. الأفعال الحقيقية. يستحسن أن يقوم المعلم وطلابه بأفعال حقيقية في غرفة الصف لربط
هذه الأفعال بالتراكيب اللغوية الجديدة، بدلاً من ربط هذه التراكيب بأفعال وهمية وفاعلين
وهميين.

ومن أمثلة التراكيب التي يجدر ربطها بمواقف حقيقية ما يلي:

١. تراكيب الاستفهام. يقوم الطلاب بتوجيه أسئلة حقيقية إلى بعضهم البعض.

٢. تراكيب النداء. يقوم الطلاب بنداء بعضهم بعضاً.

٣. تراكيب التفضيل. تستخدم أشياء في غرفة الصف أو طلاب لعقد مقارنات ومفاضلات.

٤. تراكيب الشرط. تستخدم أسماء الطلاب في صياغة جمل شرطية.

مبادئ عامة:

في تدريس التراكيب اللغوية يستحسن الانتباه إلى هذه المبادئ العامة:

١. لا مانع من أن يعطي المعلم القاعدة التي تحكم التركيب اللغوي، بشرط أن يراعي المعلم مستوى الطلاب الذين يدرسهم. وفي الواقع، كلما علا مستوى الطلاب، كان استعدادهم لمزيد من القواعد والتعميمات أكثر.

٢. في تدريس المبتدئين يحسن عدم إدخال المفاهيم النحوية مثل فاعل ومفعول ومبتدأ وخبر. ولكن إذا تقدم الدارسون في تعلم اللغة العربية، أصبح من الممكن إدخال هذه المفاهيم تدريجياً.

٣. من المفيد أن يقارن المعلم بين تركيب لغوي وآخر بعد أن يتقن المتعلمون هذه التراكيب. مثلاً يقارن المعلم بين تركيب المبدأ والخبر وتركيب جملة (كان) وتركيب جملة(إن).

٤. عند تدريس تركيب لغوي جديد، لابد من الاهتمام بمعنى التركيب ومبناه على حد سواء. ويجب التأكد من فهم الطلاب للمعنى ومن اتقانهم للمبنى اللغوي للتركيب.

٥. في تدريس التراكيب اللغوية، يستخدم المعلم نوعين من التمارين: التمارين الشفوية أولاً والتماري الكتابية ثنائياً.

٦. في تدريس التراكيب، يجب على المعلم أن يختار من التمارين ما يناسب المران. الشفوي وأن يختار منها ما يناسب المران الكتابي. فليس كل ما يصلح للمران الشفوي يصلح للمران الكتابي. ويتوقف الأمر في كثير من الحالات على نوعية التمرين من ناحية وعلى مستوى الطلاب من ناحية أخرى. فإذا كان التمرين سهلاً، كان أصلح للمران الشفوي من التمرين الصعب. وإذا كان مستوى الطلاب متقدماً، كانوا أقدر على تناول تمارين صعبة في المران الشفوي.

٧. لابد من استخدام المعلم للتنويع في أساليب تدريسه لخلق أكبر قدر من التشويق ولمعالجة الهدف المنشود من عدة زوايا. إذ من المعروف أن استخدام المعلم لأسلوب واحد في تدريسه يجعل أسلوبه هذا مملاً محدود الفعالية.

٨. لا يفيد كثيراً أن يدرس المدرس تركيباً لغوياً ثم يتركه بلا عودة. إن المراجعة المستمرة أساسية للتعلم. وبدون هذه المراجعة يكون النسيان نصيب معظم ما قام المعلم بتدريسه لطلابه.

٩. إذا كان الصف كبيراً من حيث عدد الطلاب يستطيع المعلم أن يلجأ إلى التكرار الجمعي بصورة واسعة أو إلى التكرار الفئوي. أما إذا كان الصف صغيراً في عدد طلابه، فإن التكرار الفردي هو ما يجب التركيز عليه. ويفضل في هذه الحالة التكرار الفردي الدوري لأنه يحقق السرعة والاقتصاد في الوقت والجهد.

١٠. يستحسن عند تدريس تركيب لغوي جديد أن يكتب التركيب على اللوح وأن تستخدم في عرضه أية وسائل بصرية أو سمعية متيسرة.

١١. عند تدريس تركيب لغوي جديد، لابد من السيطرة على المفردات المستخدمة فيه، أي لابد من استخدام مفردات سهلة يعرفها المتعلمون، لأنه ليس من المقبول تربوياً أن نقدم لهم تركيباً جديداً ومفردات جديدة في آن واحد وفي جملة واحدة. وينطبق هذا أيضاً على تقديم المفردات الجديدة: حين نقدم للطلاب مفردات جديدة يجب ألا

نقدمها لهم في تراكيب جديدة. والمبدأ هو أن نقدم للطالب شيئاً جديداً واحداً في الدفعة الواحدة: إما مفردات جديدة في تراكيب مألوفة وإما تراكيب جديدة في مفردات مألوفة.

عرض التركيب اللغوي:

عندما يريد المعلم أن يعرض تركيباً لغوياً جديداً على طلابه، فمن الممكن أن يتبع الخطوات الآتية:

١. المثال. يقدم المعلم مثالاً على التركيب الجديد؛ ومن المستحسن أن يكتبه على اللوح.

٢. التركيز. يضع المعلم خطاً أو يستخدم الطباشير الملونة لتركيز انتباه الطلاب على الجزء من الجملة المراد تقديمه كتركيب جديد إذا لم تكن الجملة كلها هي التركيب الجديد.

٣. المعنى. يشرح المعلم معنى التركيب الجديد بواسطة ربطه بموقف أو تمثيل أو سياق أو باستخدام اللغة الأم التي يعرفها الطلاب.

٤. الصيغة. يشرح المعلم صيغة التركيب الجديد من حيث الإعراب أو البناء أو المطابقة أو الصرف أو ما شابه ذلك.

٥. المقارنة. يقارن المعلم بين التركيب الجديد والتراكيب ذات العلاقة التي ألفها الطلاب، ويبين المعلم نواحي المشابهة ونواحي الاختلاف من حيث المعنى والمبنى.

٦. التعزيز. يقدم المعلم أمثلة أخرى على التركيب الجديد لتدعيم فهم الطلاب للتركيب ومعناه واستعمالاته.

٧. أمثلة موازية. يطلب المعلم من الطلاب تقديم أمثلة مشابهة للتركيب الجديد. ويمكن أن يتم ذلك عن طريق توجيهه أسئلة تتطلب أجوبة تحتوي على التركيب المطلوب.

٨. التعميم. يحاول المعلم والطلاب التوصل إلى تعميم يتعلق بالتركيب الجديد من حيث الصيغة والاستعمال.

٩. التماري الشفوية. يعطي المعلم طلابه تدريبات شفوية على التركيب الجديد.

١٠. التمارين الكتابية. يقوم الطلاب بالإجابة على تمارين كتابية تتعلق بالتركيب الجديد.

١١. المراجعة. يقوم المعلم بمراجعة التركيب الجديد من حين إلى آخر لتدعيم الحفظ وتعزيز المهارة والتغلب على آثار النسيان.

مناقشة

١. كيف يمكن أن يستفيد المعلم من كل نظرية من النظريات النحوية في تدريس التراكيب اللغوية؟

٢. ما هي مزايا المران على القوالب؟

٣. ما هي عيوب المران على القوالب؟

٤. أعط مثالاً على كل نوع من تمارين التعويض. اجعل المثال يشمل عشرة مثيرات وعشر استجابات.

٥. أعط مثالاً على كل من التمرين الرباعي والتمرين الحلقي والتمرين المتسلسل. اجعل كل مثال يشمل عشرة مثيرات وعشر استجابات.

٦. أعط خمس جمل كمثال على كل تمرين مما يلي: تمرين الدمج، تمرين الإضافة، تمرين التكملة، تمرين التحويل، تمرين التمدد، تمرين الاستبدال، تمرين التعبئة، تمرين الترتيب، تمرين الاختيار من متعدد، تمرين التشكيل، تمرين تعديل الصيغة.

٧. اختر أي تركيب لغوي وبين كيف تعلمه لطلابك خطوة خطوة.

الفصل الرابع

تعليم الكلمات

ما هي الكلمة؟

الكلمة هي أصغر وحدة لغوية حرة. وهذا التعريف يجعل الفرق واضحاً بين الكلمة والمورفيم. فالمورفيم هو أصغر وحدة لغوية ذات معنى، وهو بذلك قد يكون حراً أو غير حر. وهذا يعني أن الكلمة قد تكون مورفيماً واحداً أو أكثر. مثال ذلك كلمة (معلم) التي تتكون من مورفيم واحد. ولكن كلمة (المعلم) تتكون من مورفيمين هما أل + معلم. أما كلمة (المعلمون) فهي تتكون من ثلاثة مورفيمات هي أل + معلم + ون. ولكل مورفيم من هذه المورفيمات الثلاثة معناه الخاص به.

بالإضافة إلى ذلك، فإن الكلمة قد تكون مجردة وقد تكون مزيدة. فإن كانت مزيدة، فلها جذر وبها زائدة واحدة أو أكثر. فكلمة (استعلم) جذرها (علم)، وأما الزائدة فيها فهي الهمزة والسين والتاء. والزائدة قد تكون في أول الكلمة فتسمى سابقةن مثل (است) في (استقدم). وقد تكون الزائدة في وسط الكلمة، فتدعى داخلة، مثل الألف في (قادم). وقد تكون الزائدة في آخر الكلمة، مثل (ون) في (قادمون)، فتدعى حينئذ لاحقة.

ومن المفيد في تدريس الكلمات أن يلفت المعلم نظر تلاميذه إلى مكونات الكلمة

من زوائد وسوابق ولواحق ودواخل، لأن هذه الزوائد مورفيمات لها معانيها ولأنها وحدات يكثر تواجدها في كلمات اللغة. فإذا فهم الطالب معناها سهل عليه أن يفهم معنى الكلمات التي تتواجد فيها وخاصة إذا فهم معنى الجذر. ولابد بالطبع من مراعاة مستوى الطالب الذي نقدم له الكلمات لنعرف متى وكم وكيف نقدم له التحليل المفرداتي والمعلومات المناسبة عن زوائد الكلمات.

يضاف إلى ذلك أن للكلمة معنى وصيغة وتوزيعاً. فإذا قدمنا كلمة جديدة للطالب فلابد من تعليمه معناها وصيغتها واستعمالها. كما أن الكلمة قد تكون كلمة محتوى أو كلمة وظيفية. والكلمة إما كلمة نشيطة أو كلمة خاملة. وسيأتي تفصيل هذا فيما يلي.

الكلمات النشيطة والكلمات الخاملة:

عند تدريس الكلمات، لابد من التفريق بين نوعين من الكلمات: كلمات نشيطة وكلمات خاملة. ويقصد بالكلمات النشيطة تلك الكلمات التي تعلم ليستخدمها الطالب في كلامه وكتابته. أما الكلمات الخاملة، فيقصد بها تلك الكلمات التي يتوقع من الطالب أن يفهمها إذا سمعها أو قرأها، ولكن لا يتوقع منه أن يستخدمها إذا تكلم أو كتب. وبعبارة أخرى، الكلمات النشيطة تدرس للاستعمال؛ أما الكلمات الخاملة فتدرس للاستيعاب.

ويؤثر هذا التفريق على التدريس تأثيراً واضحاً. فإذا أراد المعلم تعليم كلمات نشيطة فعليه أن يدرب طلابه على ما يلي:

١. معنى الكلمة.

٢. نطق الكلمة.

٣. تهجئة الكلمة.

٤. استعمال الكلمة.

أما عند تدريس كلمات خاملة، فعلى المعلم أن يعنى بتقديم معنى الكلمة فقط

ليتمكن الطلاب من استيعاب هذا المعنى إذا سمع الكلمة أثناء محادثة أو رأي الكلمة أثناء القراءة.

وقد يظهر هنا سؤال هو: كيف يعرف المعلم أن هذه الكلمات نشيطة وتلك الكلمات خاملة؟ وهذا في الواقع سؤال له ما يبرره. والجواب عليه هو أن دليل المعلم المرافق لكتاب القراءة قد يقدم مثل هذه المعلومات. وإذا لم يحدث ذلك، فعلى المعلم أن يستخدم حسن تقديره. ومن الجدير بالذكر أن جميع المفردات في تعليم الطالب المبتدئ قد تعتبر نشيطة. غير أن الحاجة إلى التفريق بين الكلمات النشيطة والكلمات الخاملة تبرز عندما يتقدم الطالب في مراحل تعلم اللغة الأجنبية وعندما تكبر قائمة الكلمات الجديدة.

ولابد من ذكر بعض الحقائق العامة المتعلقة بالكلمات النشيطة والكلمات الخاملة:

١. إن تقسيم الكلمات إلى نشيطة وخاملة ليس تقسيماً ثابتاً. فالحدود بين هذين النوعين حدود مرنة متحركة. فالكلمة الخاملة في مستوى تعليمي ما قد تصبح نشيطة في مستوى لاحق. وفي الواقع، إن تعلك الكلمات ينطوي على انتقال مستمر لبعض الكلمات من دائرة الكلمات الخاملة إلى دائرة الكلمات النشيطة. ففي بداية تعلم الطالب للغة العربية، قد يعرف بعض الكلمات على أنها خاملة، ولكن حين يتقدم في معرفته اللغة تتحول هذه الكلمات الخاملة إلى كلمات نشيطة.

٢. إن الكلمات الخاملة في برنامج لغوي ذي هدف محدد قد تكون نشيطة في برنامج آخر ذي هدف آخر. فالكلمات التجارية في برنامج تعليم اللغة لأغراض طبية تبدو كلمات خاملة. ولكن هذه الكلمات نفسها تصبح نشيطة في برنامج لغوي يعني بالمصطلحات التجارية. وهكذا فالكلمات الخاملة في برنامج لغوي ما قد تكون نشيطة في برنامج آخر. ذلك لأن لكل حقل من حقول المعرفة مفرداته ومصطلحاته التي لا غنى له عنها.

٣. من المعروف أن الكلمات الخاملة التي يعرفها أي منا أكثر عدداً من الكلمات النشيطة. فهناك العديد من الكلمات التي نفهمها إذا سمعناها أو قرأناها، ولكننا لا نستخدمها في كلامنا أو كتابتنا. إن الكلمات الخاملة كلمات مخزونة في الذاكرة نتذكرها حين نسمعها أو نراها، ولكنها لا تقفز إلى الذاكرة بسرعة حين نتكلم أو نكتب.

٤.الكلمات النشيطة في الكتابة أكبر عدداً من الكلمات النشيطة في الكلام بالنسبة للشخص الواحد. وقد يعود السبب في ذلك إلى أن المرء حين يكتب يكون لديه وقت أوفر للتفكير والتذكر. كما أن المرء حين يكتب يكون أكثر عرضة للتقييم منه حين يتكلم فيحرص على أن يعطي انطباعاً أفضل عن سعة معرفته وسعة مفرداته. يضاف إلى ذلك أن موضوعات الكتابة تكون في العادة أكثر جدية ورسمية من موضوعات الكلام فتحتاج مفردات أكثر تنوعاً ودقة.

كلمات المحتوى والكلمات الوظيفية:

هناك تقسيم آخر للكلمات. فقد ذكرنا أنها قد تكون نشيطة وقد تكون خاملة. وهنا يمكن أن نقسمها بطريقة أخرى: فهناك كلمات محتوى وكلمات وظيفية.

والكلمات الوظيفية لها أسماء أخرى. فالبعض يسميها الكلمات النحوية. والبعض يسميها الكلمات الخاوية. والبعض يسميها الكلمات التركيبية. وهي (وظيفية) لأن لها وظيفة غير أداء المعنى. وهي (خاوية) لأنها لا تحمل محتوى كبيراً بالمقارنة بكلمات المحتوى. وهي تركيبية) أو (نحوية) لأنها تساهم في بناء التركيب النحوي.

وهناك فروق عديدة بين كلمات المحتوى والكلمات الوظيفية. من هذه الفروق ما يلي:

(١) تساهم كلمات المحتوى في نقل المعنى بشكل أساسي، في حين تساهم الكلمات الوظيفية في بربط الكلمات المحتوى بعضها ببعض. فلو قلنا (ذهب الولد مدرسة) لفهمنا المعنى الأساسي للجملة. ولو قلنا (ذهب الولد إلى المدرسة) لما زاد

فهمنا لمعنى الجملة، ولكن الجملة أصبحت سليمة نحوياً.

(٢) تشمل كلمات المحتوى الأسماء عادة والأفعال والصفات. وتشمل الكلمات الوظيفية الحروف في العادة.

(٣) تشكل كلمات المحتوى معظم كلمات اللغة، في حين تشكل الكلمات الوظيفية نسبة ضئيلة من كلمات اللغة.

والتفريق بين الكلمات الوظيفية وكلمات المحتوى له أهميته في تعليم المفردات. فطريقة تعليم كلمة محتوى مثل (أكل) تختلف عن تعليم كلمة وظيفية مثل (إلى). فالكلمة الوظيفية يجري تعليمها كجزء من تركيب لغوي، وليس كأنها كلمة منفردة. في حين أن كلمة المحتوى يجري تعليمها على أساس أنها كلمة وتدرس بأسلوب تدريس الكلمات الذي سيأتي ذكره فيما بعد.

معنى الكلمة:

هناك فرع في علم اللغة النظري يعنى بدراسة معاني الكلمات. ويدعى هذا الفرع علم المعاني أو علم الدلالة. ومن المفيد هنا أن نذكر القارئ ببعض المبادئ المتعلقة بمعاني الكلمات:

١. معنى الكلمة يحتمل التغيير عبر الزمن. وتغير المعنى ليس شرطاً لازماً لكل كلمة، بل هو حالة قد تعتري بعض الكلمات. كما أن تغير المعنى، إذا حدث، لا يحدث فجأة أو بين عشية وضحاها، بل يستغرق وقتاً طويلاً قد يصل إلى قرون.

٢. قد يختلف معنى الكلمة الواحدة من لهجة إلى أخرى في اللغة الواحدة. والاختلاف لا يشترط فيه أن يكون جوهرياً، بل قد يكون اختلافاً في الدرجة أو الاتساع أو الضيق في الدلالة. ومن حسن الحظ أن هذه الظاهرة محدودة في اللغة العربية الفصيحة.

٣. الكلمة ليست الشيء الذي تدل عليه، بل هي رمز مقترن اعتباطاً بالشيء. فكلمة (باب) ليست باباً، بل رمز صوتي يدل على الشيء المقصود.

٤. قد يكون للكلمة الواحدة أكثر من معنى واحد. ولو نظرنا نظرة سريعة إلى معجم اللغة، أية لغة، لوجدنا أن معظم الكلمات تتمتع كل منها بعدة معانٍ. ولا شك أن هذه المعاني يتصل بعضها ببعض اتصالاً يسهل اكتشافه، ولكن شيوع الاستعمال يجعل المعنى يبدو مستقلاً بذاته عن سائر المعاني. فكلمة (عين) تعني عين الإنسان أو عين الحيوان أو عين الإبرة أو ذات الشيء أو جاسوساً أو رئيساً في قومه.

٥. قد يتغير معنى الكلمة من سياق لغوي إلى آخر.

وفي التدريس، لهذه المبادئ وزنها وتأثيرها. فليس من المقبول أن تقدم الكلمة الجديدة دون سياق، إذ لابد من تقديمها في سياق يحدد المعنى المقصود منها، لأن تغير السياق قد يؤدي إلى تغير المعنى. وبالمثل، ففي الاختبارات أيضاً ليس من المقبول السؤال عن معنى كلمة معزولة، بل لابد من الاستفسار عن معناها وهي في سياق كامل.

أنماط المعاني:

هناك نوعان من المعاني التي تعطيها كلمة المحتوى. فهناك المعنى الدلالي وهناك المعنى الوجداني. أما الكلمة الوظيفية فليس لها سوى معنى دلالي، وفي بعض الأحيان لا يكون لها معنى على الإطلاق، مثل (أن) في الجملة (أريد أن أستريح).

ويقصد بالمعنى الدلالي للكلمة معناها الموضوعي الذي لا يختلف من شخص إلى آخر. إنه المعنى العام الخالي من التجارب الشخصية أو العاطفية. وهو المعنى المشترك بين ناطقي لغة معينة.

أما المعنى الوجداني فهو معنى ذاتي ذو صبغة عاطفية انفعالية. وهو قد يختلف من

شخص إلى آخر ومن شعب إلى آخر، كما قد يتأثر هذا المعنى بالتجارب الشخصية للفرد وقد يتأثر بالمعتقدات أيضاً.

وعلى سبيل المثال، كلمة "بقرة" لها معنى دلالي معروف، إذ هي ذلك الحيوان الأليف ذو القرنين والأظلاف... الخ. هذا هو معناها الدلالي العام المشترك. ولكن كلمة "بقرة" لها عدة معانٍ وجدانية مختلفة. فهي رمز للقدسية لدى الهندوسي، ورمز للعطاء والرزق لدى المزارع الذي يعتمد على البقرة كمصدر للغذاء، وهي رمز لمخلوق عنيف مخيف لدى طفل ركلته بقرة ذات يوم.

وعندما ندرس الكلمات، فما يهم عادة هو المعنى الدلالي لأنه عام وموضوعي. ولكن حيث إن العاطفة جزء من حياة الإنسان، فلا ضير من شرح المعاني الوجدانية التي تتعلق ببعض الكلمات التي يشترك الناس بعاطفة نحوها مثل أب، أم، وطن، ابن، ابنة.

تقديم المعنى:

من الممكن تقديم معنى الكلمة بعدة وسائل منها:

١. الاقتران المباشر. يجري هنا توضيح معنى الكلمة الجديدة عن طريق اقترانها بما تدل عليه مباشرة. ويستخدم هذا الأسلوب في توضيح معاني الكلمات التي توجد مدلولاتها في غرفة الصف أو يمكن إحضارها إلى غرفة الصف. مثال ذلك الكلمات الآتية: كرسي، باب، ولد، معلم، مسطرة، كتاب، قلم، ورقة، حقيبة، حائط، سقف، أرض، نافذة.

٢. الصورة. إذا كان من غير الممكن إحضار الشيء ذاته أو المدلول عليه ذاته إلى غرفة الصف، فمن الممكن استخدام صورته لتوضيح معنى الكلمة. وقد تكون الصورة ضوئية أو مجرد رسم تقريبي أو صورة متحركة أو صورة ثابتة. فإذا اردنا توضيح معنى كلمة (فيل) أو (حوت) لن نكون قادرين على إحضار فيل أو حوت إلى غرفة الصف.

وسيكون كافياً أن نحضر صورة للفيل أو الحوت.

٣. التمثيل. بعض الكلمات يستحسن توضيح معناها بالحركة وخاصة إذا كانت الكلمات أفعالاً. مثال ذلك الكلمات ركض، مشى، ابتسم، ضحك، تكلم، جلس، وقف. مثل هذه الكلمات يسهل توضيح معناها عن طريق التمثيل الحركي.

٤. السياق. من الممكن توضيح معنى الكلمة إذا وضعناها في سياق لغوي يؤدي إلى كشف معناها. مثال ذلك الكلمات شجاع، صبور، كريم، حليم، شجاعة، صبر، كرم، حلم.

٥. الترادف. في بعض الحالات، يتضح معنى الكلمة إذا ذكرنا كلمة ترادفعها في المعنى وتماثلها في الوظيفة النحوية بئرط أن تكون هذه الكلمة مألوفة لدى الطالب، حيث لا يجوز أن نشرح كلمة جديدة باستخدام كلمة جديدة أخرى. ويلاحظ هنا أنه يجب أن تكون الكلمة المرادفة للفعل فعلاً، وللاسم اسماً، وللحرف حرفاً.

٦. التضاد. من الممكن توضيح معنى كلمة بذكر كلمة مضادة لها مماثلة لها في الوظيفة النحوية بشرط أن تكون هذه الكلمة مألوفة لدى الطالب. مثال ذلك: حار- بارد، كريم- بخيل، مجتهد- كسول، اختفى- ظهر، صواب- خطأ، مؤمن- كافر.

٧. التعريف. من الممكن شرح بعض الكلمات عن طريق التعريف. فالحوت مثلاً أضخم حيوان بحري والطائر حيوان له جناحان تساعدانه على الطيران.

الترجمة. من الممكن شرح بعض الكلمات عن طريق ترجمتها إلى اللغة الأم التي يتقنها الطالب، وخاصة عند شرح الكلمات التي يصعب توضيح معانيها بالطرق الأخرى.

وفي الحقيقة، عند تقديم معاني الكلمات الجديدة للطلاب، لابد للمعلم أن يراعي ما يلي:

١. إن الإشارة إلى الشيء لا تعني بالضرورة توضيح معنى الكلمة. فإذا أردنا شرح معنى كلمة (سقف) وأشرنا إلى سقف غرفة الصف، فقد يظن الطالب أن كلمة (سقف) تعني مروحة مثبتة في السقف أو تعني مصباحاً كهربائياً أو تعني لون السقف الأبيض أو الأزرق، ولهذا، لابد للمعلم من الحيطة إذا استخدم الاقتران المباشر. وقد حدث مرة أن أشار معلم إلى كتاب أزرق ليعلم طلابه معنى كلمة (كتاب) فظن بعض الطلاب أن كلمة (كتاب) تعني أزرق.

٢. هناك عدة طرق لتقديم الكلمة الجديد. وعلى المعلم أن يختار الطريقة التي تناسب الكلمة. فهناك كلمات تشير إلى محسوسات، وهناك كلمات تشير إلى موجودات في غرفة الصفن وهناك كلمات تشير إلى معانٍ مجردة، وهناك كلمات هي أفعال، وهناك كلمات هي حروف. والطريقة التي تناسب نوعاً من الكلمات قد لا تناسب نوعاً آخر.

٣. الكلمات التي تستخدم في شرح كلمة جديدة يجب أن تكون كلمات مألوفة، إذ لا جدوى من شرح كلمة جديدة غير معروفة لدى الطالب باستخدام كلمة جديدة غير معروفة لديه أيضاً. إن مثل هذا الأسلوب يزيد الأمور تعقيداً لدى الطالب.

٤. يستحسن عدم الإكثار من الترجمة وأن يقتصر استخدامها على الحالات التي يصعب فيها استخدام الأساليب الأخرى لتقديم المعنى.

صيغة الكلمة:

إن للكلمة صيغتين للتعبير: الصيغة الصوتية والصيغة الكتابية. وهذا يعني أنه حين نعلم الطالب كلمة جديدة فعلينا أن نعلمه كيف ينطقها نطقاً صحيحاً وكيف يكتبها كتابة صحيحة.

بالإضافة إلى ذلك، فإن للكلمة صيغة صرفية تدل عليها. فالفعل له صيغ صرفية خاصة

به، والمصدر له صيغ صرفية خاصة به. وكذلك اسم الفاعل واسم المفعول والصفة المشبهة واسم المرة واسم النوع وأفعل التفضيل واسم الآلة والمثنى وجمع المذكر السالم وجمع المؤنث السالم.

ومن المفيد أن يلفت المعلم نظر طلابه إلى الصيغة الصرفية للكلمة أو لبعض الكلمات إذا رأى المعلم أن مستوى طلابه يسمح بذلك. ولا شك أن هذا لا يصلح في حالة الطلاب المبتدئين. وكلما علا مستوى الطلاب، كان مجال الحديث عن الصيغ الصرفية أرحب وأوسع وأنفع.

ومن المعروف أن الصيغة الصرفية تعين الطالب على استخدام الكلمة الاستخدام الصحيح وعلى فهم معناها. فإذا عرف الطالب أن صيغة (افتعال) تدل على مصدر الفعل (افتعل)، فإن هذا يساعده على فهم معنى أية كلمة على وزن (افتعال) ويجعله يعرف أن فعلها على وزن (افتعل). وينطبق الشيء نفسه على سائر الصيغ والأوزان.

ومن المفيد لفت نظر الطلاب في الوقت المناسب والمستوى المناسب إلى معنى الزوائد في بعض الكلمات، لأن هذه الزوائد يتكرر ظهورها مع ثبوت معناها، الأمر الذي يساعد الطالب على فهم معنى الكلمة المزيدة إذا عرف معنى جذرها ومعنى الزائدة فيها. مثال ذلك الهمزة في وزن (أفعل) التي تعني التعدية، و (ان) في وزن (انفعل) التي تعني المطاوعة، و (ان) التي تعني التثنية، و (ات) التي تعني جمع المؤنث السالم، و (ون) التي تعني جمع المذكر السالم.

قوائم الكلمات الشائعة:

لقد قام العديد من الباحثين ببحوث لإحصاء الكلمات الشائعة في اللغة العربية. ولقد توصلوا إلى نتائج مختلفة أحياناً ومتشابهة أحياناً أخرى حسب طبيعة المادة اللغوية التي أحصوها. فبعضهم أحصى لغة بعض الصحف، مثل بريل وبيلي. وبعضهم أحصى ما ورد في كتب القراءة الابتدائية المستعملة في بعض البلاد العربية، مثل الدكتور فاخر عاقل، وبعضهم أحصى كتباً متنوعة مثل لاندو. وبعضهم درس قوائم الباحثين المختلفة واستخرج

أشيع ثلاثة آلاف كلمة وردت في تلك القوائم، وهذا ما فعله الدكتور داود عبده.

وفي الواقع، إن معرفة الكلمات الشائعة مفيدة، بل ضرورية في حقل تعليم العربية لغير العرب، لأن هذه المعرفة تفيد في تأليف كتب القراءة العربية لغير العرب وتفيد في انتقاء الكلمات الهامة من بين مئات الآلاف من الكلمات التي تزخر بها اللغة العربية. ولا تقتصر فائدة قوائم الكلمات الشائعة على تعليم العربية لغير العرب، بل هي مفيدة ومهمة في تعليم العربية للعرب أيضاً.

غير أن من الواجب ذكر حقيقة هامة هي أن نتيجة بحوث الكلمات الشائعة تتوقف إلى حد ما على طبيعة المواد اللغوية موضع البحث. فالكلمات الشائعة في الطب مثلاً تختلف عن الكلمات الشائعة في الهندسة، وتختلف عن الكلمات الشائعة في النحو، وتختلف عن الكلمات الشائعة في الزراعة. والكلمات الشائعة في المدرسة تختلف عن الكلمات الشائعة في المطعم أو الملعب أو البيت. والكلمات الشائعة في الكتابة قد تختلف عن الكلمات الشائعة في الكلام.

ومع ذلك، تبقى قوائم الكلمات الشائعة ذات نفع كبير في مجال تعليم العربية للعرب ولغير العرب وفي مجال تأليف الكتب وفي مجال انتقاء الأهم قبل المهم.

انتقاء الكلمات:

إن اللغة العربية، مثل أية لغة أخرى، تحتوي على مئات الآلاف من الكلمات. ومن يريد أن يتعلم العربية كلغة أجنبية ليس لديه الوقت أو الرغبة ليتعلم جميع كلمات اللغة، إذ لابد له من الاكتفاء ببضع مئات أو بضع آلاف منها.

وقد يقوم مؤلف الكتاب بمهمة الانتقاء. وإذا لم يكن هناك كتاب، فعلى المعلم أن يقوم بهذه المهمة. وفي كلتا الحالتين، هناك عملية انتقاء يقوم بها المؤلف أو المعلم. وفي أية عملية انتقاء لابد من معايير. ولكن، كالعادة، اختلف الباحثون في معايير الانتقاء.

ومن هذه المعايير ما يلي:

(١) معيار القرب أو الملاصقة: يعطي هذا المعيار الأولوية للكلمات التي تتعلق بالبيئة المباشرة للمتعلم، أي للأشياء التي حوله في الصف أو المدرسة أو البيت.

(٢) معيار السهولة: يعطي هذا المعيار الأولوية للكلمات القياسية التي تخلو من الشذوذ أو الكلمات التي تخلو من الأصوات الصعبة أو الكلمات التي تخلو من صعوبة إملائية.

(٣) معيار الفائدة: يرى بعض الباحثين أن معيار الانتقاء يجب أن ينطلق من مدى حاجة الطالب لكلمات معينة بغض النظر عن القرب أو السهولة.

(٤) معيار الشيوع: يعطي هذا المعيار الأولوية للكلمات الشائعة التي تستخرجها قوائم المفردات الشائعة حسب إحصاء المواد اللغوية المختلفة.

ولا شك أن هذه المعايير قد تتداخل أحياناً. فالكلمة الشائعة تكون مفيدة عادة وقد تكون من البيئة الملاصقة للمتعلم. ولكن معيار السهولة قد يتناقض مع المعايير الأخرى.

مستويات الصعوبة:

إن الكلمات تتفاوت في درجة صعوبتها بالنسبة للمتعلم. وعلى المعلم أن يعرف ذلك وأن يعرف العوامل التي قد تجعل كلمة صعبة وأخرى سهلة. ومن هذه العوامل ما يلي:

(١) عدد المقاطع. كلما زاد طول الكلمة، زاد احتمال صعوبتها، لأن مقاطعها وحروفها وأصواتها تكون أكثر، مما يزيد في احتمالات الصعوبة من حيث اللفظ والإملاء. فكلمة (مستشفى) قد تكون أصعب من كلمة (مشفى)، وكلمة (اضطرب) قد تكون أصعب من كلمة (طرب).

(٢) درجة التجريد. الكلمة التي تدل على مجرد قد تكون أصعب من الكلمة التي تدل على محسوس من حيث عرض معناها من قبل المعلم وفهم معناها من قبل الطالب. فكلمة (سعادة) أصعب من كلمة (سيارة)، وكلمة (سعد) أصعب من كلمة (مثنى).

(٣) التماثل الحرفي الصوتي. كلما زاد التماثل بين حروف الكلمة وأصواتها، كانت الكلمة أسهل. وكلما قل هذا التماثل، كانت الكلمة أصعب في اللفظ أو في الكتابة. وبعبارة أخرى، كلما قل التماثل بين الشكل المكتوب للكلمة والشكل المنطوق لها، كانت الكلمة أصعب. مثلاً، كلمة (مشوا) قد تكون أصعب من كلمة (كتاب) لأن الأولى فيها ألف تكتب ولا تنطق، في حين أن الثانية تنطق جميع حروفها. وكلمة (الرجل) قد تكون أصعب من كلمة (الولد) لأن الأولى تكتب فيها لام أل التعريف وتقلب عن النطق راءً، في حين أن الكلمة الثانية تنطق كما تكتب.

(٤) طبيعة الأصوات: بعض الكلمات تحتوي على أصوات غير مألوفة للمتعلم لأنها غير مستخدمة في لغته الأم. ومن الأصوات التي يجد فيها غير العرب صعوبة الأصوات المفخمة /ص،ط،ض،ظ/، حيث ينطقون /ص/ كأنها /س /، /ط / كأنها /ت /، /ض / كأنها /د /، /ظ / كأنها /ذ/. كما يجدون صعوبة في نطق الأصوات /خ، ح، ع/، حيث ينطق بعضهم /خ/ كأنها /غ/، /ح/ كأنها /هـ /، /ع/ كأنها /ء/. فالكلمة التي تحتوي على صوت مشكل أصعب من الكلمة التي لا تحتوي على مثل هذا الصوت. والصعوبة هنا ذات عدة وجوه: صعوبة في سماع الكلمة وتمييزها عن سواها، وصعوبة في فهم الكلمة بشكل سليم، وصعوبة في نطق الكلمة، وصعوبة في كتابة الكلمة. فإذا قال المعلم كلمة (خليل) فقد يظنها الطالب (غليل)، وبالتالي فهو لا يفهمها لأنه لم يسمعها بالشكل السليم. وإذا كتبها، فسيكتبها (غليل) لأنه يكتب حسبما يسمع. وهو بالطبع سينطق الكلمة حسبما سمعها، أي (غليل).

(٥) التشابه بين اللغتين. إذ كانت كلمة موجودة في لغة الطالب الأم وفي اللغة العربية، فقد يكون هذا عامل تيسير لتعلم هذه الكلمة وخاصة إذا تشابه كل من معناها

ولفظها في اللغتين. ولكن قد يكون ذلك عامل صعوبة إذا تطابق المعنى دون تطابق اللفظ أو تطابق اللفظ دون تطابق المعنى.

وعلى كل حال، فعلى المعلم أن يأخذ بعين الاعتبار حقيقة أن بعض الكلمات صعبة على الطالب وبعضها سهلة. وهذا يستلزم إعطاء الكلمات الصعبة اهتماماً أكثر وتدريباً أوفر. كما أن هذه الحقيقة هامة أيضاً عند وضع المنهج الذي ينبغي أن يقوم على التدرج من السهل إلى الصعب ومن المحسوس إلى المجرد، وخاصة عند تعليم المبتدئين.

معرفة الكلمة:

وإذا أردنا أن يعرف الطالب الكلمة معرفة جيدة، فيجب أن نعلمه إياها تعليماً جيداً، لأن التعلم الوافي يستلزم تعليماً وافياً. والسؤال هنا هو : ما مكونات معرفة الكلمة؟ إن مكونات معرفة الكلمة هي:

(١) أن يفهم المتعلم معنى الكلمة إذا سمعها أو قرأها.

(٢) وأن يستطيع المتعلم أن ينطق هذه الكلمة نطقاً صحيحاً إذا أراد استخدامها أثناء الكلام.

(٣) وأن يستطيع المتعلم أن يكتب الكلمة كتابة صحيحة.

(٤) وأن يستطيع استخدام هذه الكلمة استخداماً سليماً ضمن سياق لغوي أثناء الكلام أو الكتابة.

(٥) وأن يستطيع قراءة هذه الكلمة إذا رآها مكتوبة منفردة أو في سياق لغوي.

(٦) وأن يفعل كل ذلك بسرعة عادية دون تردد أو تلعثم.

وهذا بدوره يعني أن على المعلم أن يفعل ما يلي إذا أراد أن يعلم كلمة ما تعليماً وافياً:

(١) يدرب المعلم طلابه على نطق الكلمة نطقاً صحيحاً.

(٢) يدربهم على استخدامها في سياق لغوي.

(٣) يدربهم على كتابتها دون أخطاء إملائية.

(٤) يدربهم على قراءتها بشكل سليم.

(٥) يعرض لهم معناها.

(٦) يدربهم على كل ذلك هادفاً إيصالهم إلى السرعة المعقولة في الأداء.

خطوات تعليم الكلمات:

إذا أردنا تعليم كلمات جديدة للطلاب، فمن الممكن اتباع عدة طرق. وقد تكون الطريقة التالية مناسبة لتعليم هذه الكلمات:

١. ينطق المعلم الكلمة والطلاب يستمعون. ومن الأفضل أن يكررها مرتين أو ثلاثاً.

٢. يكتب المعلم الكلمة على اللوح مشكولة شكلاً كاملاً.

٣. يعرض المعلم معنى الكلمة بالطريقة التي يراها مناسبة.

٤. يستخدم المعلم الكلمة في جملة واحدة أو أكثر لتتضح وظيفة الكلمة نحوياً.

٥. يكرر الطلاب إحدى هذه الجمل المحتوية على الكلمة تكراراً جمعياً ثم فئوياً ثم فردياً.

٦. يلفت المعلم نظر طلابه إلى طريقة كتابة الكلمة إذا كانت تنطوي على صعوبات إملائية.

يكتب المعلم على اللوح معنى الكلمة، كما يكتب جملة تبين استخدام الكلمة.

٧. يكتب المعلم على اللوح معنى الكلمة، كما يكتب جملة تبين استخدام الكلمة.

٨. يقرأ الطلاب قائمة المفردات الجديدة المكتوبة على اللوح أمامهم.

٩. يكتب الطلاب الكلمات ومعانيها والجمل التوضيحية في دفاترهم.

ويلاحظ أن الخطوات التسع السابقة تحقق ما يلي:

(١) يستمع الطلاب إلى النطق النموذجي للكلمة من المعلم قبل أن يقوموا بتكرارها.

(٢) يقوم الطلاب بتكرار الكلمة بعد أن يفهموا معناها، لا قبل فهم المعنى.

(٣) تتسم هذه الخطوات بالشمول، إذ ينطق المعلم الكلمة ويكررها ويكتبها على اللوح ويستخدمها في جملة ويكتب معناها على اللوح. كما أن الطلاب يستمعون إلى الكلمة ويكتبونها ويقرؤونها ويكررونها.

(٤) يكرر الطلاب الكلمة ضمن سياق لغوي، وليس بشكل منعزل.

مناقشة

(١) اختر أي كتاب باللغة العربية واعمل قائمة بعشرين كلمة تعتقد أنها كلمات نشيطة وقائمة أخرى بعشرين كلمة تعتقد أنها كلمات خاملة بالنسبة لطلاب مبتدئين في تعلم اللغة العربية.

(٢) اعمل قائمة تتكون من ثلاثين كلمة من كلمات المحتوى، وقائمة أخرى بثلاثين كلمة من الكلمات الوظيفية.

(٣) ما الفرق بين أسلوب تعليم كلمات المحتوى وأسلوب تعليم الكلمات الوظيفية؟

(٤) اختر عشرين كلمة عشوائياً من أي كتاب باللغة العربية. ثم بين رأيك في مستوى صعوبة كل كلمة مع ذكر مبررات الرأي الذي تتوصل إليه.

(٥) ما المقصود بمعرفة الكلمة؟ وما تأثير هذا المقصود على أسلوب تعليم الكلمة الجديدة؟

(٦) ما هي خطوات تعليم الكلمات الجديدة؟

(٧) هل لديك اقتراحات لتعديل خطوات تعليم المفردات الجديدة؟ اذكر هذه الاقتراحات وتبريراتها.

الفصل الخامس

تعليم القراءة

إن القراءة من المهارات الرئيسية اللازمة في تعلم اللغة. أما المهارات الأخرى فهي فهم المسموع والكلام والكتابة. وسنعرض في هذا الفصل إلى أساليب تعليم القراءة للمبتدئين وأهداف القراءة وأنماطها وما هيتها وموضوعات أخرى ذات علاقة.

الأنظمة الكتابية:

تختلف اللغات عن بعضها البعض في طريقة الترميز الكتابي. ويمكن تقسيم اللغات إلى ثلاث أقسام رئيسية من حيث أنظمتها الكتابية:

(١) النظام المفرداتي. في هذا النظام يكون لكل كلمة في اللغة رمز كتابي خاص بها.

(٢) النظام المقطعي. في النظام المقطعي يكون لكل مقطع رمز كتابي خاص به مثال ذلك نظام كتابة اللغة اليابانية.

(٣) النظام الألفبائي. في النظام الألفبائي يكون لكل فونيم رمز كتابي خاص به. وبعبارة أخرى، يكون لكل وحدة صوتية حرف أو غرافيم خاص. ولقد تطور هذا النظام عن

لنظام المقطعي الذي تطور بدوره عن النظام المفرداتي وتتبع معظم لغات العالم حالياً النظام الأفبائي. ومن هذه اللغات اللغة العربية واللغة الإنجليزية.

وقد يتساءل المرء لماذا نتحدث عن الأنظمة الكتابية في فصل يتحدث عن تعليم القراءة. والإجابة عن هذا التساؤل تكمن في حقيقة أن القراءة مرتبطة بالكتابة، فنحن نقرأ ما يكتب سوانا، فلا قراءة من غير كتابة.

أساليب تعليم القراءة:

لقد ظهرت في مجال تعليم القراءة عدة نظريات وعدة أساليب لكل منها مزاياه وعيوبه على حد سواء. ومن هذه الأساليب ما يلي:

الطريقة الحرفية:

يبدأ المعلم هنا بتعليم حروف الهجاء واحداً بعد الآخر. فيتعلم المتعلم ألف، باء، تاء... إلى آخره. ويتعلم الطالب هنا قراءة الحرف إذا رآه مكتوباً، كما يتعلم كتابه هذه الحروف. وبعد ذلك، يتعلم الطالب قراءة المقاطع والكلمات. وتدعى هذه الطريقة أيضاً طريقة الحروف أو الطريقة الهجائية أو الطريقة الأبجدية أو الطريقة الأفبائية.

ومن مزايا هذه الطريقة أنها سهلة على المعلم، مألوفة لدى الآباء والأمهات، تجعل الطالب حساساً للحروف. غير أن البعض يوجه لها انتقادات عديدة. منها أن اسم الحرف الواحد يتكون من عدة أصوات بدلاً من صوت واحد؛ فالحرف من اسمه سين. وهناك من ينتقد هذه الطريقة لأنها تسبب بطء القراءة لدى المتعلم لأنه قد يميل إلى القراءة حرفاً حرفاً بدلاً من الإدراك الكلي للكلمة.

الطريقة الصوتية:

تشبه الطريقة الصوتية الطريقة الحرفية من حيث الانتقال من الحروف إلى المقاطع إلى الكلمات. ولكنها تختلف عنها من حيث طريقة تعليم الحرف. فالحرف في الطريقة الحرفية يعطى اسماً؛ فالحرف ص مثلاً يعلم على أنه صاد. ولكن في الطريقة الصوتية، الحرف ص يعلم على أنه ص.

بموجب الطريقة الصوتية، تعلم الحروف مفتوحة أولاً، مثل ب ت ز س. ثم تعلم مضمومة، ثم تعلم مكسورة، ثم تعلم ساكنة. ثم تعلم قراءة الحروف وهي منونة بالفتح، ثم وهي منونة بالضم، ثم وهي منونة بالكسر. ثم تعلم قراءة الحروف وهي مشددة بالفتح ثم بالضم ثم بالكسر. ثم تعلم وهي مشددة مع تنوين الفتح، ثم مع تنوين الضم، ثم مع تنوين الكسر.

وهذا يعني أن حرفاً مثل ب يتخذ في العربية الحركات الآتية: بَ، بُ، بِ، بْ باً، بٌّ، بِ ٌ، بذض، بٌّ، بِّ، با ، بٌّ، بٍّ، ً. وهذا يعني أن كل حرف يتخذ ثلاث عشرة حركة. وكما نعلم إن العربية ذات ثمانية وعشرين حرفاً. فإذا ضربنا ثمانية وعشرين في ثلاث عشرة، كان الناتج ثلاث مئة وأربعة وستين صوتاً.

وميزة هذه الطريقة أنها تدعو الحرف بصوته، لا باسمه. ولكن عيبها أنها قد تعيق سرعة القراءة لدى المتعلم لأنه قد يتعود التهجئة، حسبما يقول ناقدو هذه الطريقة.

الطريقة المقطعية:

يتعلم الطالب، بموجب هذه الطريقة، المقاطع أولاً، ثم يتعلم الكلمات المؤلفة من مقاطع. ولتعليم المقاطع، لابد من تعليم حروف المد أولاً. فيتعلم الطالب ا، و، ي أولاً، ثم يتعلم مقاطع مثل سا، سو، سي، مثل را، رو، ري، وكلمات مكونة من مقاطع تعلمها مثل سارا، سيري، ساري، سوري، راسا، راسي.

وقد تكون الطريقة المقطعية أفضل من الطريقة الحرفية والطريقة الصوتية، لأنها تبدأ بوحدات أكبر من الحرف الواحد أو الصوت الواحد. وتدعى هذه الطرق الثلاث الطرق الجزئية أو الطرق التركيبية، لأنها تبدأ بالجزء ثم تنتقل إلى الكل. وهناك طرق معاكسة للطرق الجزئية أو التركيبية في الاتجاه. وتدعى هذه الطرق المعاكسة الطرق الكلية أو الطرق التحليلية، لأنها تبدأ بالكل ثم تنتقل إلى الجزء. ومن الطرق الكلية طريقة الكلمة وطريقة الجملة.

طريقة الكلمة:

طريقة الكلمة إحدى الطرق الكلية، لأن المتعلم يتعلم الكلمة أولاً ثم يتعلم الحروف التي تكونت منها الكلمة. وهي معاكسة تماماً للطريقة الحرفية والطريقة الصوتية اللتين تعلمان الحرف أو الصوت أولاً ثم تنتقلان إلى تعليم الكلمة.

ولطريقة الكلمة أساس نفسي يعتمد على الافتراض بأن المتعلم يدرك الكل أولاً، ثم يبدأ بإدراك الأجزاء التي يتكون منها الكل. وهذا يعني أن طريقة الكلمة تتماشى مع طبيعة الإدراك البشري.

وفي تنفيذ طريقة الكلمة، يقوم المعلم بعرض الكلمة مقرونة بالصورة المناسبة. وينطق المعلم الكلمة عدة مرات، ويكرر الطلاب من بعده. ثم يعرض المعلم الكلمة من غير صورة ليطلب من طلابه التعرف عليها أو قراءتها. وبعد أن يستطيع الطلاب قراءة الكلمة، يبدأ المعلم في تحليلها إلى الحروف التي تتكون منها.

ولطريقة الكلمة مزايا منها:

(١)   تساير هذه الطريقة الأساس النفسي للإدراك البصري، إذ تبدأ بالكل أولاً.

(٢)   تعود هذه الطريقة الطالب على سرعة القراءة لأن الطالب يدرك الكلمة كوحدة واحدة ولا يقرؤها حرفاً حرفاً.

(٣) يبدأ الطالب بقراءة وحدات ذات معنى، بخلاف الطرق الجزئية التي تبدأ بتعليم وحدات لا معنى لها مثل الحروف والأصوات والمقاطع.

ولكن طريقة الكلمة لا تخلو من عيوب أيضاً. ومن هذه العيوب ما يلي.

قد تستولي الصورة على انتباه الطالب دلاً من الكلمة .

قد يخمن الطالب الكلمة تخميناً بدلاً من قراءتها قراءة حقيقية. ولهذا فإن بعض منتقدي طريقة الكلمة يدعونها "طريقة انظر ثم خمن" بدلاً من اسمها الآخر وهو "طريقة انظر ثم قل".

إذا تقاربت أشكال الكلمات، فإن الطالب سيخلط بينها. فهو قد لا يميز الفرق بين كلمات مثل ثاب، باب، تاب، ناب، لأن شكلها العام متقارب.

قد توجد هذه الطريقة ضعفاً إملائياً لدى الطالب، لأنها لا تلفت انتباه الطالب إلى الحروف بشكل كافٍ.

إذا صادفت الطالب كلمة جديدة غير مألوفة له، فقد يجد صعوبة في قراءتها.

طريقة الجملة:

يتم تعليم القراءة بطريقة الجملة بأن يعرض المعلم جملة قصيرة على الطاقة أو السبورة. ثم ينطق المعلم الجملة ويرددها الطلاب من بعده عدة مرات. ثم يعرض المعلم جملة تزيد عن الجملة الأولى كلمة واحدة وينطقها ويرددها الطلاب من بعده عدة مرات. ثم يعرض المعلم جملة تزيد عن الجملة الأولى كلمة واحدة وينطقها ويرددها الطلاب من بعده. مثال ذلك: ذهب الولد، ذهب الولد مسرعاً. ثم تجري مقارنة بين الجملتين للتعرف على الكلمات المشتركة والكلمة غير المشتركة. ثم ينتقل المعلم إلى تحليل الكلمة إلى حروفها. وهكذا، فإن طريقة الجملة تسير من الجملة إلى الكلمة إلى الحرف. وهي إحدى الطرق الكلية أو التحليلية.

ومن مزايا طريقة الجملة ما يلي:

(١) تتماشى مع الأساس النفسي للإدراك لأنها تبدأ بإدراك الكل ثم تنتقل إلى تحليله إلى مكوناته.

(٢) تقدم هذه الطريقة وحدات ذات معنى.

(٣) تعود الطالب على قراءة الوحدات الكبيرة وعلى اتساع المدى البصري، مما يضمن تحقيق سرعة القراءة.

غير أن لطريقة الجملة عيوبها. ومن أبرز هذه العيوب أنها تحتاج إلى جهد كبير من المعلم. كما أنها تتطلب وجود معلم حاذق متمرس، الأمر الذي لا يتوفر دائماً.

الطريق الجمعية:

يرى مؤيدو الطريقة الجمعية أن لكل طريقة مزاياها وعيوبها. وما دام الأمر كذلك، فإن الأصوب الاستفادة من جميع الطرق وعدم التمسك بطريقة واحدة دون سواها. فكما ذكرنا سابقاً إن للطريقة الحرفية مزاياها وعيوبها. وينطبق الوضع ذاته على كل من الطريقة الصوتية والطريقة المقطعية وطريقة الكلمة وطريقة الجملة.

أهداف القراءة:

إن للقراءة أهدافاً متعددة ومتباينة، الأمر الذي يؤثر في طبيعة عملية القراءة ذاتها. ومن بين هذه الأهداف ما يلي:

(١) القراءة للبحث. قد يقرأ المرء تمهيداً لبحث يريد أن يكتبه. وهنا تكون قراءته انتقائية لأنه يقرأ ما يتعلق بموضوع بحثه فقط.

(٢) القراءة للتلخيص. قد يقرأ المرء نصاً ما من أجل تلخيصه. وهنا تكون القراءة متأنية ودقيقة وشاملة لأن القارئ يريد أن يكتشف الأفكار الرئيسية ويستبعد التفاصيل غير المهمة.

(٣) القراءة للإعلام. قد يقرأ المرء ليسمع الآخرين مثلما يفعل المذيع في الراديو والتلفزيون.

(٤) القراءة للاختبار. قد يقرأ المرء استعداداً لاختيار ما، وهنا تكون القراءة دقيقة متأنية. وقد يضطر القارئ إلى القراءة المتكررة من أجل ضمان الاستيعاب والحفظ.

(٥) القراءة للمتعة. قد يقرأ المرء من أجل المتعة وتمضية الوقت. وفي هذه الحالة، لا يقرأ قراءة مركزة في العادة، بل قد يقفز من سطر إلى آخر ومن صفحة إلى أخرى.

(٦) القراءة للعبادة. قد يقرأ المرء تعبداً لله، مثلما يحدث حين يقرأ المرء ما يتيسر له القرآن الكريم.

أنماط القراءة:

إن وجود أهداف متنوعة للقراءة يؤدي إلى وجود أنواع مختلفة من القراءة. ومن هذه الأنواع القراءة المكثفة والقراءة التكميلية والقراءة الصامتة والقراءة الجهرية والقراءة النموذجية.

القراءة المكثفة:

يقصد بالقراءة المكثفة تلك القراءة التي تستخدم كوسيلة لتعليم الكلمات الجديدة والتراكيب الجديدة. ولذلك، فإن المادة القرائية تكون أعلى قليلاً من مستوى المتعلم. وتشكل هذه المادة العمود الفقري في برنامج تعليم اللغة. وكتاب مثل هذه القراءة يعتبر الكتاب الرئيسي في البرنامج، فينال هذا الكتاب معظم ساعات التدريس ومعظم اهتمام المعلم والمتعلم سواء في التعليم أو التقييم.

القراءة التكميلية:

تدعى هذه القراءة باسم القراءة التكميلية لأنها تقوم بتكميل دور القراءة المكثفة. وتدعى هذه القراءة باسم القراءة الموسعة أيضاً. وتكون القراءة التكميلية غالباً على شكل قصص طويلة أو قصيرة. وغايتها الرئيسية إمتاع المتعلم وتعزيز ما تعلمه من كلمات وتراكيب في القراءة المكثفة.

ولإبراز دور القراءة التكميلية وطبيعتها، يجدر بنا أن نقارن بينها وبين القراءة المكثفة:

(١) المكان: تتم معالجة القراءة المكثفة بشكل رئيسي في غرفة الصف، إذ يقوم المعلم بعرض الكلمات الجديدة والتراكيب الجديدة وأسئلة الاستيعاب. وبالمقابل، فإن الطالب يقرأ مادة القراءة التكميلية في البيت ثم تجري مناقشتها في غرفة الصف.

(٢) مستوى الصعوبة. تكون مادة القراءة المكثفة أعلى من مستوى المتعلم، إذ تحتوي على العديد من الكلمات والتراكيب غير المألوفة لدى المتعلم، لأن هدف القراءة المكثفة إغناء الثروة اللغوية لدى المتعلم. بالمقابل، تكون مادة القراءة التكميلية في حدود مستوى المتعلم، أي خالية من الكلمات والتراكيب غير المألوفة إلا ما ندر.

(٣) الهدف. تهدف القراءة المكثفة إلى زيادة حصيلة المتعلم من المفردات والتراكيب، في حين أن أهداف القراءة التكميلية إمتاع الطالب وتدعيم (أو تعزيز) ما تعلمه من القراءة المكثفة.

(٤) المحتوى. تكون طبيعة مادة القراءة المكثفة وصفية أو علمية أو جدلية أو قصصية، في حين أن طبيعة مادة القراءة التكميلية تكون في العادة قصصية تتماشى مع هدف الإمتاع وتحقق هدف التعزيز.

(٥) الوحدات. يتم تقديم القراءة المكثفة في وحدات قصيرة يتم تغطية كل وحدة في وقت يتراوح بين ساعة تدريس واحدة وبضع ساعات. وتكون كل واحدة مستقلة عن سواها من الوحدات في مادتها وتمارينها في الغالب. ولكن القراءة التكميلية تكون في العادة على شكل قصة طويلة أو قصص قصيرة.

(٦) السرعة. تتم تغطية مادة القراءة المكثفة بسرعة متأنية قد لا تتجاوز صفحة واحدة في ساعة التدريس الواحدة، لأن هذه المادة أعلى من مستوى المتعلم ولأنها مصدر لتعليم الكلمات الجديدة والتراكيب الجديدة. أما مادة القراءة التكميلية فتتم تغطيتها بسرعة أكبر قد تصل إلى بضع صفحات في الساعة الواحدة، نظراً لاختلاف المستوى والهدف بين القراءة المكثفة والقراءة التكميلية.

(٧) الزمن. تأخذ القراءة المكثفة نسبة عالية من ساعات برنامج تعليم اللغة، إذ قد تصل هذه النسبة إلى خمسين بالمئة من ساعات البرنامج، وقد تزيد عن ذلك أحياناً. أما القراءة التكميلية فلا تأخذ سوى نسبة ضئيلة قد لا تزيد عن عشرة بالمئة من ساعات البرنامج كله.

(٨) الوظيفة. تقوم القراءة المكثفة بدور جوهري في برنامج تعليم اللغة، دور لا يمكن

الاستغناء عنه. أما القراءة التكميلية فتقوم بدور ثانوي له فائدته، ولكن ليس دوراً جوهرياً أساسياً.

القراءة الصامتة:

القراءة الصامتة قراءة تتم بالنظر فقط، دون صوت أو همس أو تحريك الشفاء، بل حتى دون اهتزاز الحبال الصوتية في حنجرة القارئ. وهذا يعني أن الكلمات المكتوبة تتحول إلى معانٍ في ذهن القارئ دون أن تمر بالمرحلة الصوتية. والغاية الرئيسية من القراءة الصامتة هي الاستيعاب، الذي هو الهدف من معظم القراءة التي يقوم بها الناس. ذلك بأن قليلاً من الناس فقط هم الذين يحتاجون إلى القراءة الجهرية كما هي الحال مع المذيعين والمقرئين الذي لابد أن يقوموا بالقراءة جهراً.

ومن هنا تبدو لنا أهمية القراءة الصامتة كمهارة أساسية يجب أن يتعلمها الطالب لأنه يحتاج إليها احتياجاً واضحاً. ومن المقومات الأساسية للقراءة الصامتة الاستيعاب والسرعة. ولهذا يجب تدريب الطلاب على استيعاب ما يقرؤون مع تحقيق هدف السرعة، أي الاستيعاب في أقل وقت ممكن.

ولكي يتحقق الاستيعاب والسرعة في القراءة الصامتة، لابد من تدريب الطالب على توسيع المدى البصري. ويقصد بالمدى البصري عدد الكلمات المكتوبة التي تستطيع العين التقاطها من نظرة واحدة إلى صفحة مكتوبة مع استيعاب الذهن لها. ومن الواضح أنه كلما زاد المدى البصري زادت سرعة القراءة الصامتة.

ومن وسائل تحقيق اتساع في المدى البصري أن يجعل المعلم طلابه يقرؤون تحت ضغط الوقت، أي أن يكون الوقت المخصص لقراءة كمية محددة من السطور وقتاً محسوباً بعناية بحيث لا يكون أطول مما ينبغي ولا أقصر مما ينبغي. فالوقت الطويل يعود الطالب على التباطؤ في القراءة، والوقت القصير يجعل الاستيعاب ناقصا. وعلى كل حال، فإن ضغط الوقت يحفز الطالب إلى زيادة اتساع المدى البصري، كما يحفزه إلى

الإقلال من عدد التراجعات البصرية. ويقصد بالتراجع البصرة عودة العين إلى كلمات وسطور سابقة بدلاً من تقدم العين إلى كلمات وسطور لاحقة. كما أن ضغط الوقت يقلل من التراخي بين المدى البصري والمدى الذي يليه؛ ويقصد بالتراخي فترة الخمول بين اللقطة البصرية واللقطة التي تليها. كما أن ضغط الوقت يؤدي إلى الإقلال من التثبيت البصري، الذي يقصد منه أن تحملق العين مدة طويلة على مدى بصري ما قبل أن تنتقل إلى المدى التالي.

وهكذا نرى أن سرعة القراءة الصامتة تتحقق بأربعة عناصر على الأقل:

(١) اتساع المدى البصري.

(٢) الإقلال من التراجع البصري زمناً وعدداً.

(٣) الإقلال من التراخي البصري زمناً وعدداً.

(٤) الإقلال من التثبيت البصري زمناً وعدداً.

ويلاحظ أن كل عنصر من العناصر الثلاثة الأخيرة ذو وجهين: وجه يتعلق بالزمن ووجه يتعلق بالعدد. فلو أخذنا التراجع البصري نجد أن العين قد تتراجع لمدة ثانية واحدة أو أكثر بعد لقطة ما؛ وهذا يمثل الجانب الزمني. وقد نجد أن هذا التراجع يحدث مرة في كل سطر أو مرتين أو مرة في كل سطرين؛ وهذا يمثل الجانب العددي. وينطبق الشيء ذاته على التراخي البصري والتثبيت البصري.

وعند تطبيق القراءة الصامتة في غرفة الصف، لابد من مراعاة ما يلي:

(١) منع الطلاب من الهمس أثناء القراءة.

(٢) منع الطلاب من تحريك الشفاء أثناء القراءة.

(٣) تحديد وقت مناسب يعينه المعلم سلفاً لكل واجب قرائي.

(٤) اتباع القراءة الصامتة بأسئلة لقياس استيعاب الطلاب.

(٥) تعويد الطلاب على سرعة القراءة عن طريق إحساس الطالب بضغط الوقت.

القراءة الجهرية:

عندما يطلب المعلم من الطالب أن يقرأ النص قراءة جهرية في غرفة الصف، فإنه يهدف من وراء ذلك تحقيق هدف واحد أو أكثر من الأهداف الآتية:

(١) يريد المعلم تقييم نطق الطالب للأصوات العربية وتصحيحه إذا أخطأ.

(٢) يريد المعلم تقييم نطق الطالب لنبرات الكلمات والجمل وتصحيحه إذا أخطا.

(٣) يريد المعلم تقييم نطق الطالب لتنغيم الجمل وتصحيحه إذا أخطأ.

(٤) يريد المعلم تقييم وقفات الطالب عند الفواصل والنقط وعلامات الاستفهام وتصحيحه إذا أخطأ.

(٥) يريد المعلم تقييم استيعاب الطالب لما يقرأ. وهذا هدف مشترك بين القراءة الصامتة والقراءة الجهرية.

(٦) يريد المعلم إشباع رغبة الطالب في تحقيق ذاته حين يسمع الأخير صوت ذاته ويحس أن الآخرين يستمعون إليه.

(٧) تساعد القراءة الجهرية الطالب على التعود على مواجهة جماعة من المستمعين.

(٨) تدرب القراءة الجهرية الطالب على مواجهة مواقف مستقبلية مماثلة مثل قراءة الأخبار أو التعليمات أو محاضر الجلسات أو الشعر أو القراءة في الراديو والتلفزيون.

وعند تنفيذ القراءة الجهرية، على المعلم أن يراعي ما يلي:

(١) يختار المعلم أحسن طلابه ليبدؤوا القراءة الجهرية ليكونوا قدورة حسنة لزملائهم ذوي القدرة القرائية الأدنى، ثم ينتقل إلى الطلاب الأقل قدرة.

(٢) ينهض الطالب من مقعده ويقف أمام الصف ليواجه زملاءه وهو يقرأ لأن هذه المواجهة تجذب انتباه المستمعين أكثر وتغير الجو الرتيب في الصف، كما أن المواجهة هي الوضع الطبيعي بين المتكلم والمستمع أو بين القارئ والمستمع.

(٣) على المعلم أن يجعل الصف يشترك في تصحيح أخطاء القارئ، لأن عدم اشتراكهم يجعل القراءة الجهرية نشاطاً يشترك فيه اثنان فقط: الطالب الذي يقرأ والمعلم الذي يصحح الأخطاء.

(٤) على المعلم ألا يجعل طالباً يقرأ لمدة طويلة، بل من الأفضل إتاحة الفرصة لأكبر عدد ممكن من الطلاب. على أن ذلك يجب ألا يعني أن يقرأ كل طالب سطراً واحداً مثلاً. إن الوضع الأمثل أن يقرأ كل طالب بضعة أسطر.

(٥) على المعلم ألا يطيل القراءة الجهرية أكثر من الوقت المعقول، لأن هذه الإطالة ستكون على حساب مهارات لغوية أخرى، كما أن هذه الإطالة ستؤدي إلى الملل وضياع الوقت. وقد يكون حظ القراءة الجهرية المعقول ١٠- ١٥% من حصة تعليم اللغة.

(٦) من الأفضل أن تأتي القراءة الجهرية بعد الفراغ من القراءة الصامتة وأسئلة الاستيعاب. كما أنه من الأفضل أن تأتي القراءة الجهرية بعد القراءة النموذجية التي يقدمها المعلم للصف.

(٧) لجعل القراءة الجهرية أكثر إمتاعاً وتشويقاً، من الممكن أن يجري المعلم منافسة بين طلاب الصف أو بين مجموعات الصف لتحديد أفضل طالب أو أفضل مجموعة من الطلاب في مهارة القراءة.

وكما أن للقراءة الجهرية وظائف ومزايا، لها عيوب وحدود، منها ما يلي:

(١) تتطلب القراءة الجهرية جهداً أكبر من القراءة الصامتة، إذ سرعان ما يتعب القارئ جهراً.

(٢) مردود القراءة الجهرية من الفهم أدنى من مردود القراءة الصامتة، لأن القارئ جهراً يكون مشغولاً بالنطق عن الفهم.

(٣) إن القراءة الأكثر شيوعاً في الحياة اليومية هي القراءة الصامتة وليست القراءة الجهرية. فنحن لا نقرأ جهراً إلا في مناسبات قليلة، حيث إن أكثر قراءاتنا صامتة.

(٤) القراءة الجهرية تزعج الآخرين، بخلاف القراءة الصامتة التي لا تنطوي على أي إزعاج لأحد.

القراءة النموذجية:

القراءة النموذجية قراءة يقوم بها المعلم لتكون نموذجاً يستمع إليه الطلاب ويقلدونه. وهي عادة تتبع القراءة الصامتة وأسئلة الاستيعاب، كما أنها تسبق القراءة الجهرية التي يقوم بها الطلاب. ومن الممكن أن تتخذ القراءة النموذجية أحد شكلين:

(١) القراءة المتصلة: يقرأ المعلم المادة القرائية والطلاب يستمعون إليه فقط، أي دون أن يرددوا من بعده. وقد تكون هذه المادة فقرة واحدة أو أكثر.

(٢) القراءة المتقطعة: يقرأ المعلم جملة واحدة، أو جزءاً من جملة إذا كانت الجملة طويلة، ويردد الطلاب من بعده ترديداً جمعياً. ثم يقرأ المعلم الجملة التالية ويردد الطلاب من بعده؛ وتعامل الجمل التالية بنفس الطريقة.

ومن الممكن القول بأن القراءة المتقطعة أفضل بوجه عام من القراءة المتصلة للاعتبارات الآتية:

(١) توفر القراءة المتقطعة مشاركة الطلاب على نحو أكثر فاعلية، إذ يصغون أولاً، ثم يرددون. أما في القراءة المتصلة، فهم يصغون فقط.

(٢) تحفز القراءة المتقطعة الطلاب على الإصغاء بدرجة أكبر من إصغائهم للقراءة المتصلة، لأنهم مطالبون بالتقليد الفوري لما يسمعون جملة جملة. أما في القراءة

المتصلة فالطالب غير مطالب بمثل هذا التقليد، ولذا فإن درجة انتباهه قد تضعف.

(٣) توجد القراءة المتقطعة شعوراً جمعياً لدى الطلاب حين يرددون معاً بعد المعلم، الأمر الذي لا يتوفر مع القراءة المتصلة.

ورغم هذه المزايا التي تتوفر للقراءة المتقطعية، فللقراءة المتصلة دورها ومكانها، حيث إن قراءة الفقرة بشكل متصل يوفر عرضاً جيداً للتنغيم والنبرات وتتابع الأفكار، الأمر الذي قد لا تحققه القراءة المتقطعة بدرجة الجودة ذاتها.

المراحل القرائية:

إن القراءة المكثفة التي تتم في غرفة الصف تمر في ثلاث مراحل:

(١) ما قبل القراءة. في هذه المرحلة يعرض المعلم المفردات الجديدة والتراكيب الجديدة عرضاً وافياً. ويكون هذا بمثابة تمهيد للمرحلة التالية، وهي مرحلة القراءة ذاتها.

(٢) القراءة الصامتة. بعد أن يتعرف الطالب على المفردات الجديدة والتراكيب الجديدة في وحدة قرائية ما، يطلب منهم المعلم أن يقرؤوا الوحدة قراءة صامتة بقصد الاستيعاب.

(٣) ما بعد القراءة. بعد أن يتم الطلاب القراءة الصامتة، تأتي المرحلة الثالثة التي تشمل أسئلة الاستيعاب والإجابات عليها، كما تشمل القراءة النموذجية التي يقدمها المعلم والقراءة الجهرية التي يقوم بها الطلاب.

درس القراءة :

في تعليم المبتدئين، قد يكون درس القراءة الدرس الوحيد في برنامج تعليم اللغة، إذ

تدمج المهارات اللغوية جميعاً في درس واحد. وهذا ما تسير عليه برامج تعليم اللغات الأجنبية. ويسير درس القراءة حسب الخطة الآتية وبالتتابع الآتي:

(١) التحية: عندما يدخل المعلم الصف، يكون أول ما يفعله أن يلقي التحية على طلاب الصف. والتحية المعتادة هي "السلام عليكم".

(٢) إعداد السبورة. ينظف المعلم السبورة (أي اللوح الأسود أو اللوح الأخضر)، ثم يكتب في أعلاها بعض المعلومات النافعة مثل اليوم والتاريخ ورقم الوحدة (أي الدرس) الذي ينوي تدريسه ورقم الصفحة أو رقم التمرين. وستكون مثل هذه المعلومات لازمة لتركيز انتباه الطلاب وتعريفهم برقم الدرس والصفحة التي يراد منهم فتح الكتاب عليها.

(٣) متابعة الواجب البيتي. إذا كان المعلم قد أعطى طلابه واجباً بيتياً في الدرس الماضي، فعليه متابعته في الدرس الحالي. وهذه المتابعة ضرورية، لأنها إن لم تتم تعط الانطباع لدى الطلاب أن معلمهم يعطي الواجب البيتي ولكنه لا يسأل عنه في المرة التالية، الأمر الذي يجعلهم يهملون أداء الواجب مستقبلاً. ومن أسهل الطرق لمتابعة الواجب أن يكتب المعلم الإجابات النموذجية على السبورة ويقوم كل طالب بالتصحيح الذاتي. وهناك طريقة أخرى، وهي أن يجمع المعلم الواجبات من طلابه ويقوم بتصحيحها خارج غرفة الصف.

(٤) المراجعة. بعد الانتهاء عن متابعة الواجب البيتي، يقوم المعلم بمراجعة مادة الدرس السابق. وتشمل هذه المراجعة ما يلي أو كله: الكلمات والتراكيب النحوية والصيغ الصرفية والإملاء والمحتوى وسائر المهارات اللغوية.

(٥) المفردات الجديدة. بعد المراجعة، يقوم المعلم بتعليم المفردات الجديدة التي يحتوي عليها الدرس الجديد. كما يقوم المعلم بتدريب الطلاب على هذه المفردات. وقد تم شرح ذلك في فصل سابق خاص بتعليم المفردات (أي الكلمات).

(٦) التراكيب الجديدة. بعد تقديم المفردات، يقوم المعلم بتعليم التراكيب الجديدة التي يحتوي عليها الدرس الجديد. كما أنه يدرب طلابه على هذه التراكيب بالتدريبات الشفوية التي تم شرحها في فصل سابق خاص بتعليم التراكيب اللغوية.

(٧) القراءة الصامتة. بعد أن يقدم المعلم المفردات الجديدة والتراكيب الجديدة، يكون قد أعد طلابه لقراءة الدرس الجديد. ولا، فهو يطلب منهم أن يقرؤوا الدرس قراءة صامتة بقصد الاستيعاب.

(٨) أسئلة الاستيعاب. بعد أن ينهي الطلاب القراءة الصامتة للدرس، يسألهم المعلم أسئلة تقيس مدى استيعابهم لما قرؤوا.

(٩) القراءة النموذجية. بعد انتهاء أسئلة الاستيعاب ومناقشة محتوى الدرس، يقرأ المعلم الدرس قراءة نموذجية متقطعة أو متصلة ليعطي طلابه النموذج الذي يتوقع منهم تقليده حين يقرؤون.

(١٠) القراءة الجهرية. بعد انتهاء القراءة النموذجية التي يقدمها المعلم، يطلب المعلم من بعض الطلاب أن يقرؤوا قراءة فردية جهرية، ويقوم المعلم بتصويب أخطائهم.

(١١) تمرينات الكتاب. بعد الانتهاء من القراءة الجهرية، يقوم الطلاب بعمل بعض تمرينات الكتاب شفهياً بإشراف المعلم إذا سمح الوقت المتاح بذلك.

(١٢) الكتابة. يخصص جزء من وقت الدرس للكتابة، التي قد تون نسخاً أو خطاً أو غملاء أو حلاً كتابياً لتمرين من تمرينات الكتاب.

(١٣) الواجب البيتي. يعطي المعلم طلابه واجباً بيتياً مناسباً يدور حول تمرين أو تدريب قد سبق أن عولج شفهياً في غرفة الصف.

ومن الأمور التي تنبغي ملاحظتها حول الخطة السابقة ما يلي:

(١) تتصف هذه الخطة بشمولها للمهارات اللغوية المختلفة، فهي تحتوي على القراءة والكتابة، كما تحتوي على الاستماع والكلام. وتحتوي على تعليم الكلمات وتعليم التراكيب. كما تحتوي على القراءة الصامتة والقراءة الجهرية والقراءة النموذجية. كما تحتوي على إعطاء واجب بيتي وعلى متابة هذا الواجب وعلى مراجعة للمادة السابقة.

(٢) لتحقيق الخطة السابقة، لابد من مراعاة عامل الزمن. فقد تأخذ الخطوات الثلاث الأولى (التحية وإعداد السبورة ومتابعة الواجب البيتي) زمناً يقارب خمس دقائق من الحصة الدراسية الواحدة البالغة خمساً وأربعين دقيقة. وتأخذ المراجعة خمس دقائق. أما تعليم الكلمات والتراكيب فقد يأخذ ربع ساعة. وتأخذ القراءة الصامتة وأسئلة الاستيعاب ما يقارب خمس دقائق أيضاً. وتأخذ القراءة النموذجية والقراءة الجهرية خمس دقائق أيضاً. وتأخذ تمرينات الكتاب خمس دقائق. وكذلك تأخذ الكتابة وإعطاء الواجب البيتي معاً. فيكون المجموع خمساً وأربعين دقيقة، هي طول الحصة الدراسية عادة. وبالطبع إن ما ذكرناه عن الزمن المخصص لكل نشاط ليس أمراً قاطعاً، بل هو أمر تقريبي قابل للزيادة والنقصان حسب متطلبات الواقع الصفي.

(٣) تتكون الخطة من ثلاث عشرة خطوة تتبع كل منها الأخرى. ولكن هذا لا يمنع من تقديم خطوة على أخرى إذا كان هناك مبرر لذلك أو إذا أمكن ذلك دون إخلال بالضرورات المنطقية أو التعليمية. فمن الممكن مثلاً تعليم التراكيب قبل تعليم المفردات، ولكن ليس من الممكن جعل أسئلة الاستيعاب قبل القراءة الصامتة. كما أنه ليس من الممكن تقديم القراءة الجهرية على القراءة النموذجية. كما أنه ليس من الممكن جعل مراجعة الدرس السابق في آخر الدرس الحالي.

مشكلات قرائية:

قد يواجه متعلم العربية بعض المشكلات في قراءتها. ومن هذه المشكلات ما يلي:

(١) الحروف الزائدة. توجد في حالات محدودة في الكتابة العربية حروف تكتب ولا تلفظ، مثل الألف في (ذهبوا) والألف في (زاهداً) والواو في (عمرو). وقد تسبب مثل هذه الحروف صعوبة لدى بعض المتعلمين.

(٢) الحروف المقلوبة. بعض الحروف لا تقرأ كما هي مكتوبة، بل يجب قلبها إلى صوت آخر وفقاً لنظام ثابت. مثال ذلك اللام قبل الحروف الشمسية، إذ يجب قلب هذه اللام إلى صوت يشبه صوت الحرف التالية ثم يدغم الصوتان معاً، كما في كلمة (الشمس). وقد يقرأ بعض المتعلمين هذه الكلمة ناطقين اللام دون قلب، وهذا بالطبع مخالف للنطق الصحيح.

(٣) الأصوات المشكلة. يجد كثير من المتعلمين صعوبة في نطق بعض الأصوات العربية وخاصة الأصوات الطبقية /ك، خ، غ/ والأصوات الحلقية /ق، ح، ع/ والأصوات المفخمة (ط، ض، ص، ط). وهذه المشكلة تظهر في أثناء القراءة الجهرية، ولا تظهر في أثناء القراءة الصامتة.

(٤) اختلاف الاتجاه. كثير من اللغات تكتب وتقرأ من اليسار إلى اليمين. أما العربية فتكتب وتقرأ من اليمين إلى اليسار. فإذا كانت اللغة الأم للمتعلم من النوع الأول، فإنه يجد بعض الصعوبة في الععود على الاتجاه الجديد بالنسبة إليه. ولكن هذه اليست مشكلة صعبة، إذ سرعان ما يتغلب المتعلم على هذه الصعوبة وتتكيف عيناه وحركاتهما مع الموقف الجديد والاتجاه الجديد.

(٥) البطء القرائي. بعض المتعلمين يواجه مشكلة في سرعة القراءة، فهو يقرأ ببطء شديد وكأنه يقرأ حرفاً حرفاً أو مقطعاً مقطعاً أو كلمة كلمة. والمطلوب هو أن يقرأ وحدات كبيرة. وبالطبع يجب ألا تكون السرعة على حساب الاستيعاب، لأن المراد هو قراءة سريعة مصحوبة بدرجة عالية من الاستيعاب.

(٦) القراءة الجهرية. بعض المتعلمين لا يستطيع أن يقرأ قراءة صامتة، فهو حين

يفترض فيه أن يفعل ذلك نراه يهمس أو يحرك شفتيه أو يقرأ قراءة جهرية. وكل هذا ليس بقراءة صامتة. مثل هذا المتعلم الذي لا يستطيع أن يقرأ قراءة صامتة يكون في العادة قارئاً بطيئاً في سرعته، كما أن جهره في القراءة ينقص من درجة استيعابه.

(٧) التراجع البصري. بعض القارئين يكثر من إرجاع بصره إلى الكلمات والسطور التي قرأها. ومثل ها التراجع قد يلزم أحياناً للتأكد من كلمة أو معنى أو علاقة، ولكنه يجب ألا يزيد عن الحد المقبول لأنه إن زاد يؤد إلى بطء قرائي غير محمود.

(٨) التثبيت البصري. بعض القارئين يحدق طويلاً في الوحدة المقروءة ولا يجعل عينه تنطلق إلى أمام بالسرعة المطلوبة. ومثل هذا التثبيت يؤدي إلى ضياع الوقت وبطء القراءة.

(٩) ضيق المدى البصري. بعض القارئين يكون مداهم البصري ضيقاً في القراءة. ويقصد بالمدى البصري هنا عدد الكلمات المكتوبة التي تلتقها العين في النظرة الواحدة. ويمكن أن نسميه اللقطة البصرية. وكلما زاد هذا المدى، كان القارئ أسرع في عملية القراءة.

(١٠) المفردات. قد يلاقي القارئ مشكلة أخرى عن طريق المفردات غير المألوفة التي يصادفها في النص القرائي، الأمر الذي يعيقه في استيعاب ما يقرأ. ولذلك، على المعلم أن يساعد الطالب في التغلب على هذه الصعوبة عن طريق إعداده مسبقاً لقراءة نص جديد وتعليمه المفردات الجديدة في النص الجديد.

تحسين القدرة القرائية:

لتحسين قدرة الطلاب على القراءة والاستيعاب، من الممكن اتباع عدة أساليب منها:

(١) استخدام المعاجم. من الضروري أن يدرب المعلم تلاميذه على استخدام المعجم ذي المداخل العربية. وهذا يستدعي تعليمهم الترتيب الألفبائي الذي تبنى على

أساسه المعاجم. كما ينبغي تعليمهم طريقة بناء المعجم على أساس الجذور ليعرفوا كيف يستخرجوا منه كلمة بالرجوع إلى جذرها الثلاثي. واستخدام المعجم لا يكون من أجل استخراج المعنى فقط، بل قد يكون لاستخراج الجذر أو الاشتقاقات أو التهجئة أو الوظيفة النحوية أو الاستعمال.

(٢) التعريف بالحروف الزائدة. من المفيد أن يعرف المعلم تلاميذه مباشرة بالحروف الزائدة التي تكتب ولا تنطق عند القراءة. وهذا التعريف يجنب المتعلمين أخطاء النطق عند القراءة.

(٣) تطوير السرعة القرائية. من الضروري أن يكتسب المتعلم سرعة متزايدة في القراءة مع الاحتفاظ بدرجة جيدة من الاستيعاب. ولتحقيق السرعة عدة طرق، منها القراءة الصامتة تحت ضغط الوقت. فالقراءة تحت هذا الضغط تفرض على العين تكيفات معينة من بينها توسيع المدى البصري، أي توسيع اللقطة البصرية. فبدلاً من أن يقرأ القارئ كلمة كلمة، يتحول إلى قراءة وحدات أكبر.

(٤) الاشتقاقات. من المفيد للطالب أن يعرف نظام الاشتقاق في اللغة العربية. ولذا يجب أن نعلمه كيف نشتق من الفعل مصدراً واسم فاعل واسم مفعول واسم مرة واسم نوع واسم زمان واسم مكان وصفة مشبهة وصيغة مبالغة. وسوف يعود هذا عليه بالنفع في القراءة، لأن معرفته المسبقة لفعل ما فقط سوف تمكنه من فهم أي مشتق من هذا الفعل إذا كان يعرف نظام الصرف والاشتقاق في العربية.

(٥) البطاقات الومضية. البطاقة الومضية هي بطاقة ورقية مكتوبة عليها كلمة أو جملة تعرض على الطلاب لمدة وجيزة لا تتجاوز ثانيتين أو ثلاث ثم تخفى عنهم. ويطلب منهم عند عرضها أن يقرؤوا ما على البطاقة. وتعتبر هذه البطاقة تطبيقاً لنظرية الكشتلت في الإدراك الكلي وتعويداً لعين القارئ على التقاط وحدات قرائية كبيرة بدلاً من التقاط وحدات صغيرة.

(٦) بناء الفقرة. من المفيد للطالب أن يعرف البناء العادي للفقرة، إذ ستجعله هذه المعرفة أقدر وأسرع في استيعاب ما يقرأ. ومن المعروف أن ألفقرة تبدأ عادة بجملة رئيسية تتلوها جمل ثانوية تشرحها. كما أن هناك جملاً أخرى تقوم بشرح أو تفصيل كل جملة ثانوية وتتلوها مباشرة. فإذا عرف الطالب بناء الفقرة، سهل عليه أن يتتبع جملها ومعانيها وعلاقاتها. كما أن ذلك يسهل عليه فرز الأفكار الرئيسية والتركيز عليها.

(٧) العلاقات الدلالية. من المفيد أيضاً أن يعرف الطلاب أنواع العلاقات المختلفة بين جمل الفقرة الواحدة بشرط أن يتناسب ذلك مع سن الطلاب ومستواهم. ومن العلاقات الدلالية بين الجمل المقاربة والتقابل والتعريف والتقييم والبرهنة والسببية والتمثيل والتعميم والاستفهام والتلخيص والإجابة وإعادة الصياغة. فقد تكون الجملة تحتوى على مقارنة أو مقابلة مع جملة سابقة. وقد تحتوي على تعريف لمصطلح ورد في جملة سابقاً، أو تحتوي على تقييم لما ورد في جملة سابقة. وقد تحتوي الجملة على سبب لنتيجة وردت في جملة سابقة، أو تحتوي على نتيجة لسبب ورد في جملة سابقة. وقد تحتوي الجملة على برهان لفكرة وردت في جملة سابقة، أو تحتوي على مثال لتلك الفكرة. وقد تكون الجملة سؤالاً أو تساؤلاً عن ظاهرة وردت في جملة سابقة أو تكون جواباً لسؤال سابق. وقد تكون الجملة تلخيصاً لجمل عديدة سابقة، أو تكون تعميماً ثم استنتاجه من حالات خاصة وردت في جمل سابقة. فإذا تعرف الطلاب على مثل هذه العلاقات المحتملة بين جمل الفقرة الواحدة، فإن هذا سيساعدهم على اكتشاف هذه العلاقات في أية فقرة يقرؤونها، مما يزيد في سرعتهم القرائية واستيعابهم القرائي.

مناقشة

(١) أي الأساليب، في رأيك، هي الأفضل لتعليم القراءة للمبتدئين؟

(٢) كيف يمكن تحسين سرعة القراءة لدى طلابك؟ اذكر طرقاً ليست مذكورة في هذا الفصل من هذا الكتاب.

(٣) ما هي المشكلات القرائية لدى متعلمي اللغة العربية؟ اذكر مشكلات ليست مذكورة في هذا الفصل من هذا الكتاب.

(٤) ما نوع القراءة التي تحتاجها أكثر في حياتنا اليومية؟ وما أثر ذلك على التطبيق التربوي في غرفة الصف؟

(٥) ما هو البناء العادي للفقرة الجيدة؟

(٦) ما خطوات درس القراءة المكثفة؟

الفصل السادس

تعليم الكتابة

إن الكتابة إحدى المهارات الأساسية في تعلم اللغة الأولى واللغة الأجنبية على حد سواء. وسنعرض في هذا الفصل المراحل المختلفة لتعليم هذه المهارة.

التدرج:

لا شك أن التدرج مبدأ تربوي ينطبق على جميع حالات التعلم، سواء في ذلك تعلم اللغات أو تعلم أية مادة دراسية أخرى. ويقضي مبدأ التدرج أن يسير التعليم وفقاً لخطة مصممة بعناية تبدأ بالسهل وتتدرج إلى الصعب فالأصعب

وإذا طبقنا مبدأ التدرج على الكتابة فإن علينا أن نبدأ بالخط، ثم ننتقل إلى النسخ، فالإملاء، فالكتابة المقيدة، فالكتابة الحرة. ومن الممكن أن نضع هذا التدرج في صيغة أخرى هي: نبدأ بالحروف، ثم ننتقل إلى الكلمات فالجمل فالفقرة فالمقال (أي الموضوع المكون من أكثر من فقرة واحدة).

ومثل هذا التدرج ضروري لسببين على الأقل. السبب الأول تربوي، إذ يضمن لنا التدرج الانتقال من السهل إلى الصعب. والسبب الثاني منطقي، إذ لا نستطيع أن نعلم كتابة المقال قبل أن نعلم كتابة الفقرة، لأن المقال يتكون من فقرات. ولا نستطيع أن نعلم

كتابة الفقرة قبل أن نعلم كتابة الجملة، لأن الفقرة تتكون من جمل. ولا نستطيع أن نعلم كتابة الجملة قبل أن نعلم كتابة الكلمة، لأن الجملة تتكون من كلمات. ولا نستطيع أن نعلم كتابة الكلمة قبل أن نعلم كتابة الحروف، لأن الكلمة تتكون من حروف.

كما أن التدرج يعني التراكمية. ويقصد بالتراكمية أن تتجمع المهارات، الواحدة مع ما قبلها، لا أن تحل المهارة الجديدة محل المهارات السابقة. وعلى سبيل المثال، إذا تعلم التلميذ كتابة الكلمات، فهذه المهارة لا تحل محل الخط والنسخ بل تضاف إليهما. وإذا تعلم الطالب الكتابة الحرة، فهذه لا تحل محل الكتابة المقيدة، بل تضاف إليها.

ما قبل الحروف:

يتعلم الدارس في هذه المرحلة كيف يمسك القلم وكيف يكون وضع الدفتر أمامه. ويتعلم أيضاً كيف يتحكم بطول الخط الذي يرسمه واتجاهه وبدايته ونهايته تمهيداً لكتابة الحروف في المرحلة التالية. وتكون الخطوط في هذه المرحلة مستقيمة أو منحنية. والخطوط المستقيمة تكون مائلة أو أفقية أو عمودية. والخطوط المنحنية تكون ذا درجات متفاوتة في الانحناء.

كتابة الحروف:

بعد أن يتمرن المتعلم على تشكيل الخطوط، ينتقل إلى تعلم كتابة الحروف. ويستحسن أن يتم هذا بالتدرج التالي:

(١) تكتب الحروف بأشكالها المنفصلة قبل كتابتها بأشكالها المتصلة.

(٢) تكتب الحروف بترتيبها الأفبائي المعروف.

(٣) تكتب الحروف قبل كتابة المقاطع أو الكلمات.

(٤) يكتب حرف واحد أو اثنان جديدان في كل درس.

(٥) كتابة المعلم النموذجية على السبورة تسبق بدء التلاميذ بالكتابة على دفاترهم

وفي مرحلة كتابة الحروف، يحسن بالمعلم مراعاة ما يلي:

(١) يوجه تلاميذه بشأن الكيفية السليمة لمسك القلم ويراقبهم للتأكد من سلامة عاداتهم، لأن غياب هذا التوجيه قد يؤدي إلى ظهور عادات كتابية غريبة.

(٢) يوجه المعلم تلاميذه بشأن الطريقة السليمة للجلوس أثناء الكتابة والظهر معتدل والدفتر أمام التلميذ بزاوية ميل خفيفة.

(٣) يوجه المعلم تلاميذه من خلال كتابته النموذجية ومن خلال ملاحظاته وإرشاداته إلى ضرورة توفير التناسق اللازم بين الحروف. ومن الممكن تحقيق ذلك في البداية عن طريق إلزام التلاميذ بالكتابة على دفاتر خاصة بالخط ذات عدة أسطر تحكم مستويات الحروف المختلفة.

(٤) يوجه المعلم تلاميذه إلى ضرورة توحيد المسافات بين الحروف المنفصلة في الكلمة الواحدة وجعل هذه المسافات أقصر من المسافات الموحدةى بين كلمات الجملة الواحدة.

(٥) يوجه المعلم تلاميذه إلى ضرورة توحيد المسافات بين كلمات الجملة الواحدة وتمييزها عن المسافات بين حروف الكلمة الواحدة عن طريق جعلها أكثر طولاً.

(٦) يوجه المعلم تلاميذه إلى ضرورة الكتابة في اتجاهات مستقيمة أفقية متوازية، إذ يجب أن يكون سطر الكتابة مستقيماً أفقياً موازياً لكل سطر آخر.

(٧) يستحسن أن تكون كتابة المبتدئين بقلم الرصاص، لا بقلم الحبر، ليتمكنوا من تعديل أخطائهم التي تكون كثيرة في العادة في بداية تعلمهم الكتابة.

(٨) إذا كانت الكتابة على كراسة خاصة بالخط تحتوي على نماذج كتابية في رأس

كل صفحة، فيحسن أن يبدأ التلميذ الكتابة من أسفل الصفحة ليكون أمامه النموذج فقط فيحاول تقليده. أما إذا بدأ التلميذ الكتابة من رأس الصفحة، فإنه سيقلد النموذج في السطر الأول فقط ثم يبدأ يقلد آخر سطر كتبه، مما يجعل السطر الأخير في الصفحة أسوأ سطر في الصفحة كلها.

النسخ:

بعد أن يتم تدريب التلاميذ على كتابة الحروف منفصلة ومتصلة، من المفيد أن يطلب المعلم من تلاميذه أن ينسخوا دروس القراءة التي يتعلمونها في كتاب القراءة الأساسي. ورغم أن النسخ لا يروق للعديد من المختصين بالأساليب، إلا أن فيه فوائد لا تنكر:

١. النسخ تدريب إضافي يتمرن التلميذ من خلاله على كتابة الحروف. فهو تدريب على الخط. وإذا أصر المعلم على النسخ الجيد، فإن النسخ يكون تدريباً على الخط الجميل الجيد.

٢. النسخ ينمي إحساس التلميذ بالتهجئة الصحيحة.

٣. النسخ يفيد في تدريب التلميذ على الترقيم، أي وضع النقط والفواصل وعلامات الاستفهام وعلامات التعجب وعلامات الاقتباس وسواها من علامات الترقيم.

٤. النسخ يعزز ما تعلمه التلميذ من مفردات وتراكيب.

ولكن ينبغي على المعلم أن يلاحظ الأمور الآتية المتعلقة بالنسخ:

(١) يجب ألا يكون واجب النسخ مرهقاص للمتعلم، لأن الواجبات الشاقة تجعل المتعلم يكره الدرس والمدرس معاً.

(٢) يجب أن ينسخ المتعلم مادة قرائية مألوفة لديه، أي يستطيع أن يقرأها.

(٣) يجب أن يتابع المعلم واجب النسخ ويتحقق من أن التلميذ قد أداه في الوقت المناسب وبالطريقة الصحيحة، لأن عدم التحقيق من هذين الأمرين يجعل التلميذ يهمل أداء الواجب أو يؤديه بطريقة لا تسر أحداً.

الإملاء:

بعد أن يتدرب التلميذ على النسخ مدة معقولة، من الممكن أن تبدأ مرحلة الإملاء. وهي مرحلة الكشف عن مدى قدرة المتعلم على كتابة ما يسمع. وكما ذكرنا سابقاً، إن ابتداء الإملاء لا يعني توقف النسخ؛ بل من المألوف أن يستمرا معاً.

ويكون الإملاء عادة في مادة مألوفة لدى الطالب قرأها ونسخها وتعلم مفرداتها وتراكيبها. ومن الأفضل أن يعين المعلم مادة قرائية يستعد عليها الطلاب في البيت ليعطيهم منها إملاءً. هذا أفضل من إملاء فجائي لم يكن الطلاب قد استعدوا على مادته، وأن الإملاء المعلن مسبقاً يعطي فرصة الطلاب كي يستعدوا ويتدربوا بخلاف الإملاء الفجائي الذي لا يسبقه استعداد مماثل.

ومن الممكن أن يتخذ الإملاء أحد الأشكال الآتية:

(١) إملاء كلمات مختارة.

(٢) إملاء جمل مختارة.

(٣) إملاء فقرة مختارة.

وللإملاء فوائد عديدة تتصل بالمهارات اللغوية المتنوعة:

(١) الإملاء تدريب على الكتابة الصحيحة، أي التهجئة الصحيحة.

(٢) الإملاء يكشف عن قدرة المتعلم على التمييز بين الأصوات اللغوية، وخاصة الأصوات المتقاربة مثل /ث، ذ/، /س، ز/، /ت،ط/، /د،ض/، /غ، ق/، /ك، ق/.

(٣) الإملاء يعزز معرفة المتعلم بالمفردات والتراكيب اللغوية.

(٤) الإملاء يكشف عن قدرة المتعلم على الترقيم الصحيح.

ومن الممكن أن يتم النشاط الإملائي على النحو الآتي:

(١) يعين المعلم مادة قرائية مألوفة يستعد عليها الطلاب في البيت ليكون منها الإملاء في موعد لاحق يعينه المعلم.

(٢) يملي المعلم المادة القرائية كلها أو بعضها أو يختار بعض الجمل أو بعض الكلمات. ويكرر المعلم كل جملة أو كلمة ثلاث مرات بسرعة بطيئة نوعاً. ومن الواجب أن يكون نطق المعلم دقيقاً لأن الطالب يكتب ما يسمع ويسمع ما ينطق المعلم. فإذا أخطأ المعلم في النطق، كان ذلك مصدر خطأ أكيد فيما يكتبه الطالب.

(٣) بعد انتهاء الإملاء، يبدأ التصحيح. وكلما كان الوقت بين الإملاء والتصحيح قصيراً، كان ذلك أفضل لأن التعزيز يكون فورياً أو شبه فوري.

(٤) يكتب المعلم أو الطلاب الإجابات النموذجية على اللوح أو يرجع إلى الكتاب كمصدر لهذه الإجابات.

(٥) يقوم كل طالب بتصحيح ما كتب أو يتبادل الطلاب دفاتر الإملاء ويصحح كل منهم للآخر. ولا شك أن التصحيح الذاتي أفضل من التصحيح المتبادل وأسرع وأقل إثارة للمتاعب. كما أنه يوفر الوقت والجهد على المعلم. ومن الممكن إذا كان التلاميذ مبتدئين أن يقوم المعلم بمهمة التصحيح كلها.

(٦) يبحث المعلم مع طلابه أخطاءهم الشائعة في الإملاء.

(٧) يطلب المعلم من الطلاب أن يعيدوا كتابة كل خطأ ثلاث أو أربع أو خمس مرات. ويفضل أن يتفق المعلم مع طلابه على عدد ثابت يتم التقيد به في جميع حالات التصحيح.

وهكذا من الممكن أن ينقسم تمرين الإملاء إلى الخطوات الآتية:

١. استعداد.

٢. إملاء.

٣. تصحيح.

٤. مناقشة.

٥. إعادة كتابة.

وسيجد المعلم أن طلابه، وخاصة المبتدئين منهم، يخطئون في مواقف متنوعة. لكن أهم حالات الخطأ الإملائي تقع فيما يلي:

١. عدم التمييز بين بعض الأصوات اللغوية التي تشكل على بعض المتعلمين أحياناً مثل (ذ،ظ)، /ث،ذ/، /ث، ظ/، /س، ص/، /ت، ط/، /د، ض)، /ت، د/، س، ز/، /ك، ق/، /ق، غ/ ، /ح، هـ/، /غ، خ/. وهذا الخطأ يجعل الطالب يكتب /ذ/ بدلاً من /ظ/ مثلاً أو /ظ/ بدلاً من /ذ/، أي أن خطأ الكتابة يكون نتيجة مباشرة لخطأ في التمييز السمعي.

٢.كتابة همزة الوصل على أنها همزة قطع. وهذا الخطأ ناجم عن عدم معرفة الطالب الفرق بين الهمزتين ومواطن استعمال كل همزة.

٣. إغفال وضع الهمزة في حالة همزة القطع وينشأ هذا الخطأ عن كسل الطالب أو عن جهله بضرورة وضع الهمزة أو عن اعتقاده الخاطئ بأنها همزة وصل لا تحتاج إلى إشارة الهمزة.

٤. الخطأ في كتابة همزة القطع المتوسطة وهمزة القطع المتطرفة. وينشأ هذا الخطأ عن عدم معرفة قاعدة كتابة الهمزة المتوسطة وقاعدة كتابة الهمزة المتطرفة أو عن الخطأ في تطبيق القاعدة.

٥. الخطأ في كتابة الألف الممدودة والألف المقصورة في نهاية الكلمة، إذ قد يكتب الطالب الألف الممدودة بدلاً من المقصورة أو المقصورة بدلاً من الممدودة.

٦. الخطأ في كتابة التاء المفتوحة والتاء المربوطة في نهاية الكلمة، إذ قد يكتب المفتوحة بدلاً من المربوطة أو المربوطة بدلاً من المفتوحة.

٧. الخطأ في حذف اللام قبل الحروف الشمسية، لأن اللام لا تنطق بل تحول في النطق إلى مثل الحرف الذي يليها وتدغم به. وبما أن الطالب لا يسمع هذه اللازم، فقد لا يكتبها. والصحيح طبعاً هو كتابتها رغم قلبها وإدغامها بما يليها. مثال ذلك (الشمس).

٨. قد لا يحذف الطالب همزة (ابن) حيث يلزم حذفها في مثل (معاوية بن أبي سفيان).

٩. قد لا يحذف الطالب الألف حيث تنطق ولا تكتب في كلمات مثل الرحمن، لكن، لكن، أولئك، إله، الله، هذا، طه، ذلك.

١٠. قد لا يحذف الطالب (أل) حيث يجب حذفها في كلمات مثل للهو، حيث هي أساساً مكونة من لام الابتداء + أل التعريف + لهو.

١١. قد يخطئ الطالب في كتابة الحرف المدغم، فيكتبه حرفين بدلاً من حرف واحد عليه شدة.

١٢. قد يخطئ الطالب ويكتب الوحدة الواحدة على شكل كلمتين منفصلتين، مثل عما، لما، مما.

١٣. قد يحذف الطالب حرفاً لا ينطق ولكنه يكتب، مثل الألف في (ذهبوا) والواو في (عمرو).

١٤. قد يكتب الطالب التنوين على أنه نون يضيفها إلى آخر الكلمة متأثراً بما يسمع.

١٥. قد لا يضيف الطالب ألفاً تجب إضافتها مع تنوين النصب في مثل زاهداً، مديراً، رئيساً.

١٦. قد يضيف الطالب ألفاً مع تنوين النصب حيث يجب عدم الإضافة في مثل دعاءً ومدرسةً ومرفأً.

١٧. قد يفصل الكلمات حيث يجب وصلها أو يصلها حيث يجب فصلها، مثل فيم، كلما، طالما، سيما، حينما، ريثما، ربما.

وبالطبع، ليس من الحكمة أن نعرض المبتدئ لكل هذه المشكلات الإملائية منذ البداية. بل إنه من المناسب تماماً تجنيب المبتدئ أية مشكلات إملائية ما وصعنا ذلك. غير أنه لا مناص من مواجهة مشكلة التمييز بين الأصوات اللغوية في الإملاء. فعلى الطالب أن يميز بين /س،ز/ مثلاً، لأن الفشل في التمييز بينهما يخلق للطالب مشكلات في الاستماع والنطق والكتابة والفهم على حد سواء.

ولقد ذكرنا أنواع الأخطاء الإملائية لعدة أسباب منها:

(١) أن تكون لدى المعلم فكرة مسبقة واضحة عن أنواع الأخطاء الإملائية التي قد يقع فيها طلابه.

(٢) ألا يفاجأ المعلم بهذه الأخطاء، لأن الطلاب العرب أنفسهم يقعون في مثل هذه الأخطاء.

(٣) أن يستعد المعلم لوقاية الطلاب من هذه الأخطاء ولعلاج هذه الأخطاء إن وقعت.

(٤) أن يعرف المعلم القواعد التي تحكم الإملاء العربي حتى يستطيع نقل هذه المعرفة إلى طلابه.

الكتابة المقيدة:

بعد أن يتعلم الطلاب كتابة الحروف والنسخ والإملاء، يمكن أن تبدأ الكتابة المقيدة التي تسمى أيضاً الكتابة الموجهة. وهي مرحلة تسبق الكتابة الحرة. ومن الممكن أن تأخذ الكتابة المقيدة أحد الأشكال الآتية:

(١) الجمل الموازية. يطلب من التلميذ أن يكتب عدة جمل موازية لجملة معينة، ويعطى الكلمات اللازمة لكتابة هذه الجمل. مثال ذلك أن تكون الجملة النموذج: كتب الولد درسه. وتكون كلمة التعويض (البنت) على سبيل المثال. فيكتب التلميذ: كتبت البنت درسها.

(٢) الفقرة الموازية: تعطى للطالب فقرة مكتوبة ثم يطلب منه إعادة كتابة الفقرة مغيراً إحدى الكلمات الرئيسية فيها. فإذا كانت الفقرة تدور حول شخص اسمه حاتم، يطلب منه أن يحولها لتدور حول فتاة اسمها مريم مثلاً. ويستدعي هذا بالطبع تغيير الأفعال والضمائر والصفات والأحوال التي تتعلق بحاتم وجعلها تتناسب مع الاسم الجديد.

(٣) الكلمات المحذوفة. يطلب من التلميذ أن يملأ الفراغ في الجملة بالكلمة المحذوفة التي قد تكون أداة جر أو عطف أو استفهام أو شرط أو غير ذلك. وقد تكون الكلمة المحذوفة كلمة محتوى. مثال ذلك ما يلي:

(أ) ذهب الولد ــــ المدرسة.

(ب) أراد التلميذ ــــ يتعلم.

(جـ) ــــ الولد مجتهداً.

(د) ــــ الولد مجتهدٌ.

(هـ) قرأ الطالب ــــ .

(٤) ترتيب الكلمات. تعطى للتلميذ مجموعة من الكلمات يطلب منه أن يرتبها

ليعمل سنها جملة صحيحة. مثال ذلك: حلوة، أكل، تفاحة، عاصم. تصبح هذه: أكل عاصم تفاحة حلوة.

(٥) ترتيب الجمل. تعطى للتلميذ مجموعة غير مرتبة من الجمل، ويطلب منه أن يرتبها ليعمل منها فقرة متكاملة. فالتلميذ هنا لا ينتج كلمات أو تراكيب. كل ما عليه أن يفهم الجمل المعطاة له ويفهم العلاقات التي بينها، ثم يقوم بترتيبها زمنياً أو مكانياً أو منطقياً أو بأية طريقة أخرى مناسبة.

(٦) تحويل الجملة. تعطى للطالب جملة يطلب منه أن يحولها إلى منفية أو مثبتة أو استفهامية أو خبرية أو تعجبية، أو إلى الماضي أو المضارع أو الأمر، أو إلى المبني للمعلوم أو المبني للمجهول، أو إلى غير ذلك من التحويلات.

(٧) وصل الجمل. تعطى للطالب جملتان يطلب منه أن يصلهما معاً ليكون منهما جملة واحدة باستخدام أداة تحدد له أو تترك له حرية تحديدها. مثال ذلك: عاد الرجل + الرجل سافر أمس. وقد يكون الجواب ما يلي: عاد الرجل الذي سافر أمس.

(٨) إكمال الجملة. يعطى للطالب جزء من الجملة ويطلب منه إكمالها بزيادة جملة رئيسية أو غير رئيسية. مثال ذلك: إن تسألني ـــــ

ويحسن بالمعلم أن يلاحظ الأمور الآتية المتعلقة بالكتابة المقيدة:

(١) ليست جميع أنواع تمرينات الكتابة المقيدة بنفس الدرجة من السهولة. ولذا يتوجب على المعلم أن يختار منها ما يناسب المستوى اللغوي لطلابه.

(٢) يجب أن يأتي تمرين الكتابة المقيدة بعد شرح المعلم للتركيب الذي يعالجه التمرين وتدريب الطلاب عليه شفوياً.

(٣) يجب أن تكون كلمات التمرين مألوفة لدى الطلاب، أي سبق لهم أن تعلموها.

(٤) بعد أن يكتب الطلاب التمرين، يتم تصحيحه عن طريق التصحيح الذاتي حيث يقوم كل طالب بتصحيح ما كتب بمقارنته مع الإجابات النموذجية، أو عن طريق تصحيح المعلم لما كتب كل طالب.

(٥) يجب أن يتناقش المعلم مع طلابه في أخطائهم الشائعة ويعطيهم المزيد من التدريبات والتمرينات لمعالجة هذه الأخطاء.

(٦) يعيد كل طالب كتابة التمرين كله أو الجمل الخاطئة فقط.

الكتابة الحرة:

تأتي الكتابة الحرة في المرحلة الأخيرة من نمو المهارة الكتابية. ولابد من تعليم الطلاب بعض المهارات الآلية المتعلقة بالكتابة الحرة. ومن هذه المهارات ما يلي:

١. الهامش. على الطالب أن يضع هامشاً عرضه بوصة تقريباً على جانبي الصفحة أو على الجانب الأيمن على الأقل.

٢. التاريخ. يتفق المعلم مع طلابه على طريقة موحدة لكتابة التاريخ. كما يتفق معهم على مكان محدد من الصفحة يكتب فيه التاريخ

٣. العنوان. يتفق المعلم مع طلابه على مكان محدد يكتب فيه العنوان في رأس الصفحة.

٤. مؤشر الفقرة. يترك الطالب فراغاً بين الهامش وبداية الفقرة ليكون مؤشراً لبداية فقرة جديدة.

٥. مكان التابة. يجري الاتفاق بين المعلم وطلابه بشأن الكتابة على الصفحة اليمنى فقط أو الصفحة اليسرى فقط أو كليهما. كما يجري الاتفاق بشأن الكتابة على كل سطر أو على سطر بعد آخر. كما يجري الاتفاق بشأن تخصيص مكان لإعادة كتابة الموضوع بعد تصحيحه. ومن الأفضل بالطبع اقتصار الكتابة على الصفحة اليسرى فقط وجعل الصفحة اليمنى خاصة بإعادة الكتابة. كما أنه من الأفضل أن يكتب الطالب على سطر بع آخر ليتاح المجال لتصحيحات المعلم.

٦. أدوات الكتابة. يتفق المعلم مع طلابه بشأن الكتابة بالرصاص أو الحبر وبشأن لون الحبر المسموح به للطالب. كما يتفق المعلم معهم بشأن الورق ونوعه وحجمه أو نوع الدفتر المطلوب وحجمه.

ورغم أن هذه الأمور الآلية قد تبدو غير جوهرية، إلا أن لها دوراً لا بأس به. فإذا كتب كل طالب في المكان الذي يحلو له، فقد يجد المعلم نفسه عاجزاً عن إيجاد مكان يكتب فيه تصحيحاته. وإذا كتب الطلاب بالحبر الأحمر، فسيحتار المعلم بأي حبر يصحح هو.

ومن المهم أن يتذكر المعلم أنه عند إصدار أية تعليمات لابد من متابعتها والإصرار على تنفيذها، لأن التساهل في ذلك سيؤدي إلى تناسي الطلاب لهذه التعليمات شيئاً فشيئاً حتى يتم نسيانها كلياً في نهاية المطاف.

موضوعات الكتابة الحرة:

من الممكن تقسيم موضوعات الكتابة الحرة إلى ما يلي:

(١) الموضوع القصصي: تتناول الكتابة هنا سرد قصة حقيقية أو خيالية. ويكون ترتيب الأحداث زمنياً في العادة. ويغلب هنا استعمال الفعل الماضي لأن القصة تكون قد وقعت في الزمن الماضي وقوعاً حقيقياً أو افتراضياً.

(٢) الموضوع الوصفي. يتناول الموضوع الوصفي وصف الحاضر أو الماضي أو المستقبل. وتكون الوقائع حقيقية في العادة، ولكن من الممكن أن يكون الموضوع خيالياً أيضا. وأما صيغة الفعل فتتناسب مع زمن موضوع الوصف. ولا شك أن وصف ما هو قائم ومحسوس أسهل الموضوعات على المبتدئ.

(٣) الموضوع العرضي. يتناول مثل هذا الموضوع عرض فكرة ما من خلال التعريف أو التحليل أو المقارنة.

(٤) الموضوع الجدلي. يتناول مثل هذا الموضوع فكرة خلافية ويكون للكاتب رأي خاص يحاول إقناع القارئ به بطريقة عاطفية أو علمية أو بدمج الطريقتين معاً

(٥) التلخيص. يطلب من المتعلم أن يقرأ نصاً ما ويلخصه مبرزاً الأفكار الرئيسية. ويطلب منه أن يفعل ذلك في حدود كمية معينة، كأن يطلب منه أن يختصر الأصل إلى الثلث أو الربع أو أن يكتب في حدود عدد معين من الكلمات.

وعند تعامل المعلم مع هذه الأنواع من الموضوعات يحسن به أن يراعي ما يلي:

(١) يبدأ المعلم بالموضوعات الوصفية لأنها أسهل الأنواع.

(٢) ينتقل المعلم إلى الموضوعات القصصية لأنها تأتي بعد الموضوعات الوصفية في السهولة.

(٣) يؤجل المعلم الموضوعات العرضية والجدلية إلى مرحلة متأخرة، نظراً لصعوبة تناول مثل هذه الموضوعات.

(٤) من الممكن أن يوازي التلخيص الموضوعات الوصفية والقصصية لأنه يعادلها في درجة السهولة.

الفقرة الجيدة:

من المفيد أن يشرح المعلم لطلابه خصائص الفقرة الجيدة حتى يحاول الطلاب

الاقتراب من هذه الخصائص ما أمكن. وسيكون مفيداً أيضاً أن يقدم المعلم لطلابه نماذج من الفقرات الجيدة لتكون موضع تحليل يتم من خلاله التوصل إلى العوامل التي تضمن جودة الفقرة. ومن أبرز هذه العوامل ما يلي:

(١) الوحدة. يقصد بوحدة الفقرة أن تدور جميع جملها حول فكرة مركزية واحدة. وتكون هذه الفكرة موضحة في الجملة الرئيسية في الفقرة التي تكون في أول الفقرة عادة. ثم تتبع هذه الجملة الرئيسية جمل أخرى تدعمها؛ وتدعى كل منها جملة ثانوية. وتكون كل جملة ثانوية متبوعة بجملة توضيحية واحدة أو أكثر تدعى الجملة الثالثية. وأفضل طريقة تضمن وحدة الفقرة عمل مخطط يسبق كتابة الفقرة.

(٢) التماسك. يقصد بالتماسك أن ترتبط جمل الفقرة بروابط لفظية تدل على نوعية العلاقات بين هذه الجمل. وعلى سبيل المثال، تستخدم عبارة (يضاف إلى هذا أن) للتعبير عن العلاقة الاستطرادية بين جملتين، وعبارة (والسبب في ذلك) للتعبير عن العلاقة السببية، وعبارة (والنتيجة هي) للتعبير عن العلاقة الأثرية، وعبارة (بالرغم من ذلك) للتعبير عن العلاقة الاستثنائية، وعبارة (وللإجابة عن هذا) للتعبير عن العلاقة الجوابية، وعبارة (وهكذا نرى) للتعبير عن العلاقة الاستنتاجية، وعبارة (ومثال ذلك) للتعبير عن العلاقة التمثيلية، وعبارة (وخلاصة ما قلنا) للتعبير عن العلاقة الإيجازية، وعبارة (والسؤال هو) للتعبير عن العلاقة الاستفهامية.

(٣) التوكيد. يقصد بالتوكيد أن يكون لجمل الفقرة ترتيب معين يسير حسب نهج واضح. ومن الممكن أن يكون هذا الترتيب مكانياص، كأن يكون من اليمين إلى اليسار أو من تحت إلى فوق أو من الشمال إلى الجنوب أو من البعيد إلى القريب. ومن الممكن أن يكون الترتيب زمانياً، كأن يتجه من الماضي إلى الحاضر أو من الحاضر إلى الماضي. ومن الممكن أن يكون الترتيب سببياً، فيذكر السبب أولاً ثم تتلوه النتائج. ومن الممكن أن يكون الترتيب استقرائياً، فتذكر الحالات الخاصة أولاً ثم تأتي التعميمات. ومن الممكن أن يكون الترتيب استنتاجياً، فتذكر الحالة العامة أولاً ثم تأتي الحالات الفردية.

(٤) الوضوح. يتحقق وضوح الفقرة بتعريف المصطلحات الرئيسية وتجنب التراكيب التي تحتمل أكثر من معنى واحد وتجنب المفردات التي تحتمل أكثر من معنى واحد. كما يتحقق الوضوح باستعمال علامات الترقيم المناسبة التي توضح العلاقات بين الجمل.

(٥) الصحة. تتحقق صحة الفقرة عن طريق مراعاة أصول النحو والصرف واختيار المفردات المناسبة وكتابة المفردات كتابة إملائية صحيحة.

ولا شك أن معرفة هذه الخصائص تساعد الطالب على تحسين قدرته الكتابية. ومن أفضل الوسائل أن يعرض المعلم فقرات نموذجية يقوم بتحليلها مع طلابه ويطلب منهم التقيد بهذه الخصائص حين يكتبون. كما أن على المعلم أن يدخل هذه الخصائص في الاعتبار عند تقييم الفقرات والمقالات التي يكتبونها.

كتابة المقال:

بعد أن يتدرب الطلاب على كتابة الفقرة، يبدأ تدريبهم على كتابة المقال. ويقصد بالمقال الكتابة التي تتكون من أكثر من فقرة واحدة في موضوع واحد. ويمكن أن يزاد طول المقال بالتدريج، إذ يبدأ بفقرتين ثم ثلاث ثم ما زاد عن ذلك.

وتكون كتابة المقال آخر المراحل الكتابية وأصعبها. وما ينطبق على الفقرة الجيدة من خصائص ينطبق على المقال الجيد. وبالإضافة إلى ضرورة توفر خصائص الفقرة في كل فقرة من فقرات المقال، يجب أن تتوفر خصائص إضافية في المقال. إذ يجب أن تتوفر في المقال الوحدة الشاملة، أي أن تعالج جميع فقراته فكرة واحدة. كما يجب أن تتوفر في المقال صفة التماسك الشامل، أي ترتبط فقراته بروابط لفظية تبين العلاقة بين كل فقرة وما قبلها. تضاف إلى ذلك صفة التوكيد الشامل، أي وجود ترتيب معين لفقرات المقال على غرار توكيد الفقرة. يضاف إلى ذلك صفتا الوضوح الشامل والصحة الشاملة.

برنامج الكتابة:

لنفترض أن بلداً يدرس العربية لمدة ست سنوات بمعدل ساعة في كل يوم دراسي، فمن الممكن أن يكون برنامج تعليم المهارات الكتابية على النحو الآتي:

(١) السنة الأولى: خط ونسخ.

(٢) السنة الثانية: يستمر الخط والنسخ. ويبدأ الإملاء والكتابة المقيدة.

(٣) السنة الثالثة: يتوقف الخط. ويستمر النسخ والإملاء والكتابة المقيدة.

(٤) السنة الرابعة: يتوقف النسخ. ويستمر الإملاء والكتابة المقيدة. وتبدأ كتابة الفقرة الواحدة والتلخيص.

(٥) السنة الخامسة: تشبه السنة الرابعة. وتبدأ كتابة المقال ذي الفقرتين.

(٦) السنة السادسة: تشبه السنة الخامة. وتبدأ كتابة المقال ذي الفقرات الثلاث.

وهكذا، نرى أن المهارات الكتابية تسير على النحو الآتي:

(١) الخط يبدأ في السنة الأولى ويستمر إلى نهاية السنة الثانية.

(٢) النسخ يبدأ في السنة الأولى ويستمر إلى نهاية السنة الثالثة.

(٣) الإملاء يبدأ في السنة الثانية ويستمر إلى نهاية السنة السادسة.

(٤) الكتابة المقيدة تبدأ في السنة الثانية وتستمر إلى نهاية السنة السادسة.

(٥) كتابة الفقرة الواحدة تبدأ في السنة الرابعة وتستمر إلى نهاية السنة السادسة. وكذلك شأن التلخيص.

(٦) كتابة المقال ذي الفقرتين تبدأ في السنة الخامسة وتستمر إلى نهاية السنة السادسة.

(٧) كتابة المقال ذي الفقرات الثلاث تبدأ في السنة السادسة وتستمر إلى نهايتها. ويلاحظ في البرنامج المذكور ما يلي:

(١) يبدأ البرنامج بالمهارة البسيطة وينتقل بالتدرج إلى المهارات الأصعب.

(٢) في كل سنة دراسية تبدأ مهارة جديدة تضاف إلى المهارات التي بدأت في سنوات سابقة.

(٣) تتوقف بعض المهارات مثل الخط والنسخ بعد أن يتقنها المتعلم أو تحل محلها مهارات أشمل.

(٤) بعض المهارات تستمر منذ بدايتها إلى نهاية البرنامج. وينطبق هذا على جميع المهارات الكتابية ما عدا الخط والنسخ.

ويجب التذكير بأن خطوات البرنامج المذكورة ليست حتمية، بل هي مرنة إلى حد ما قابلة للتعديل ضمن حدود معقولة. وعلى سبيل المثال، فمن الممكن أن يبدأ الإملاء في السنة الأولى بدلاً من الثانية.

الكتابة الحرة المبرمجة:

تتطلب الكتابة الحرة أن يتقن الطالب عدة مهارات فرعية اهمها:

(١) القدرة على عمل مخطط.

(٢) مهارات آلية مثل وضع العنوان والتاريخ والهامش.

(٣) فراغ قبل بداية الفقرة.

(٤) الخط الواضح.

(٥) تركيب الفقرة من جملة رئيسية وجمل ثانوية وجمل ثالثية.

(٦) وحدة الفقرة.

(٧) تماسك الفقرة.

(٨) وضوح الفقرة.

(٩) توكيد الفقرة.

(١٠) الترقيم.

(١١) صحة الفقرة.

(١٢) الإملاء السليم.

وبما أن الكتابة الحرة تحتوي على هذا العدد الكبير من المهارات الفرعية، فليس من الممكن أن يتعلم الطالب كل هذه المهارات في درس واحد أو يوم واحد. ولهذا، فإن برمجة هذه المهارات قد تكون حلاً عملياً ناجحاً. ويقصد بالبرمجة هنا أن يركز المعلم على مهارة فرعية واحدة في الدرس الواحد ويعلمها لطلابه ويقيم كتابتهم على أساسها. وفي الدرس التالي، يعالج المعلم مهارة جديدة ويصبح الطالب مطالباً بالمهارة الجديدة والمهارة السابقة. وفي نهاية الشوط، يصبح الطالب مطالباً بجميع المهارات الفرعية.

(١) ويلاحظ يقيم الطالب على أساس المهارات التي قام المعلم بتعليمها. وهذا هو أساس التقييم في التعليم.

(٢) يركز المعلم على مهارة فرعية واحدة في الدرس الواحد. وهذا أمر مريح وواقعي ومقبول، لأنه لا يمكن أن يعالج المعلم جميع المهارات الفرعية في درس واحد، حيث إن الكتابة الحرة تتألف من مهارات فرعية عديدة.

(٣) بوساطة البرمجة يمكن تقسيم الكتابة الحرة إلى وحدات قابلة للتعليم وقابلة للتعلم، بدلاً من تناول الكتابة الحرة كأنها لغز لا سبيل إلى معرفة كنهه أو كأنها موهبة لا سبيل إلى تعلمها أو تعليمها.

(٤) يتوقف دور المعلم كصائد أخطائ، حيث إن المعلم في الكتابة المبرمجة يركز أثناء التصحيح على المهارات موضع التقييم فقط.

(٥) يصبح التقدم في الكتابة أمراً قابلاً للقياس من ناحية وقابلاً للتحقيق من ناحية أخرى.

(٦) يتم تعليم الكتابة الحرة بطريقة مبرمجة خاضعة للتدريج المدروس.

الإعداد للكتابة الحرة:

قبل أن يبدأ الطلاب بالكتابة في موضوع ما، لابد أن يعدهم المعلم من أجل تعليمهم وتقليل أخطائهم ومساعدتهم على أداء عملهم. ويتناول الإعداد أموراً عديدة من بينها:

١. يذكر المعلم طلابه بآليات الكتابة مثل الهامش والعنوان والتاريخ والفراغ قبل الفقرة.

٢. يذكر المعلم طلابه بخصائص الفقرة الجيدة. ومن الأفضل تقديم بعض الفقرات النموذجية كمثال لهذه الخصائص.

٣. من الممكن في المرات الأولى أن يتعاون المعلم وطلابه في إعداد مخطط للفقرة أو المقال. وبعد التدريب الكافي، يترك المعلم هذه المهمة لكل طالب ينجزها وحده.

٤. من الممكن أن يتناقش المعلم والطلاب في محتوى المقال قبل الكتابة.

٥. يزود المعلم طلابه بالكلمات الرئيسية التي تلزم لكتابة الموضوع.

٦. يختار المعلم موضوعاً شيقاً لطلابه وضمن مستواهم المعرفي.

٧. يعطي المعلم بعض الحدود الكمية للمقال مثل عدد الفقرات أو عدد الكلمات أو عدد الجمل أو عدد السطور.

٨. من الممكن أن يعطي المعلم الجملة الرئيسية لكل فقرة.

الكتابة الفعلية:

بعد أن يعد المعلم طلابه للكتابة الحرة في موضوع ما، يبدأ الطلاب بالكتابة ويحسن أن تمر هذه الكتابة بالخطوات الآتية:

١. التفكير. يفكر الطالب في الموضوع الذي سيكتب عنه.

٢. النقاط العفوية. يكتب الطالب النقاط التي سيتناولها في مقاله بالترتيب الذي ويخطر فيه هذه النقاط على باله.

٣. المخطط. يعيد الطالب ترتيب النقاط العفوية في مخطط يحدد فيه موضوع كل فقرة والأفكار الثانوية التابعة لكل فقرة. كما يحدد عدد الفقرات التي سيكتبها.

٤. المسودة. بعد تجهيز المخطط، يبدأ الطالب بكتابة المسودة في ضوء المخطط الذي توصل إليه.

٥. المراجعة. بعد كتابة المسودة، يعيد الطالب النظر فيها ليصحح ما يكتشف من أخطاء نحوية أو إملائية أو لغوية.

٦. الكتابة النهائية. بعد الانتهاء من المراجعة والتصحيح الذاتي، يكتب الطالب الصورة النهائية للفقرة أو المقال.

وعند قيام الطلاب بالكتابة الفعلية، يحسن بالمعلم أن يراعي ما يلي:

(١) يعطي المعلم طلابه الوقت الكافي للتفكير والكتابة.

(٢) يقدم المعلم العون لمن يسأله من الطلاب إذا لم يكن المقال اختباراً. أما إذا

كان اختباراً، فلا يجوز تقديم العون الفردي لأي طالب لأن من حق الجميع التساوي في فرص العون والإرشاد.

(٣) من الأفضل أن يقوم الطلاب بالكتابة في غرفة الصف حتى نضمن قيامهم هم بالكتابة، لأن الكتابة خارج الصف قد تغري بعض الطلاب بتكليف آبائهم أو أصدقائهم بالكتابة نيابة عنهم. بل إن بعض الطلاب ينسخ ما يكتبه سواء دون أن يقوم هو بأية كتابة حقيقية.

تصحيح الكتابة الحرة:

لا شك أن تصحيح المعلم للكتابة الحرة التي يقوم بها طلابه أمر ليس سهلاً، نظراً للاعتبارات الآتية:

١. كثرة أخطاء الطلاب في الكتابة.

٢. كثرة العناصر التي تحتاج إلى تصحيح وتقييم. فهناك الجمل والكلمات والفقرات والأفكار والصرف والنحو والإملاء والخط والوحدة والتماسك إلى غير ذلك، الأمر الذي يزيد من عبء المعلم في التصحيح.

٣. الحيرة في توزيع الوزن النسبي على هذه العناصر المختلفة. إذ يحتار المعلم كم يعطي للإملاء وكم يعطي للنحو وكم يعطي للأسلوب وكم يعطي للأفكار وكم يعطي لكل عنصر من عناصر الكتابة الأخرى.

٤. ضيق وقت المعلم.

٥. كثرة أعباء المعلم الأخرى من تدريس وتحضير وريادة واختبارات وأنشطة. وهناك في واقع الأمر اتجاهان في تصحيح الكتابة الحرة:

(١) اصطياد الأخطاء. بموجب هذا الاتجاه يقوم المعلم باصطياد كل خطأ يراه في كتابة الطالب ويضع عليه علامة مميزة أو يضع تحته خطاً أو يكتب البديل الصحيح. وعندما يرى الطالب مقالته، يراها ملطخة بالحبر الأحمر الذي تكاد لا تنجو منه كلمة

واحدة مما كتب. ولا ريب أن هذا الوضع يملأ الطالب بالحزن والأسى والتثبيط. وإذا استمرت الحال على هذا المنوال، فإن الطالب يشعر بالفشل وخيبة الأمل، مما يقوده إلى كراهية الكتابة وبالتالي إلى مزيد من الفشل والإحباط.

(٢) الانتقاء. بعض المعلمين يرى أنه من الأوفر لوقت المعلم وجهده ومن الأنفع للطالب أن يتم انتقاء بعض الأخطاء فقط وتصحيحها. ويرى هذا الفريق أن هذا الانتقاء يمكن الطالب من التركيز على بعض الأخطاء ويكسب الطالب ثقة في نفسه وقدرته الكتابية. ويرون أن طريقة اصطياد الأخطاء تدمر ثقة الطالب في نفسه وتجعل الطالب غير قادر على التقدم، بل قد تؤدي به إلى التراجع.

أما من حيث طريقة تصحيح الخطأ، فهناك أيضاً اتجاهان:

(١) التصحيح المفصل. هنا يقوم المعلم بكتابة البديل الصائب لخطأ الطالب، أي أن المعلم يضع خطاً تحت الخطأ ويكتبه بالصورة الصحيحة. وميزة هذه الطريقة أنها تقدم للطالب تصحيحاً واضحاً لأخطائه كلها أو بعضها.

(٢) التصحيح المرمز. هنا يقوم المعلم بوضع خط تحت الخطأ ويكتب فوقه أو تحته رمزاً يدل على نوعية الخطأ. فقد يكتب (ك) ليعني خطأ في اختيار الكلمة المناسبة. وقد يكتب (م) ليعني خطأ في الإملاء. وقد يكتب (ق) ليعني خطأ في القواعد. وقد يكتب (ر) ليعني خطأ في الترقيم. وتترك للطالب مهمة الاهتداء إلى الصواب. وميزة هذه الطريقة أنها توفر وقت المعلم من ناحية وتحث الطالب على التفكير والاهتداء إلى الصواب من ناحية أخرى. ولكن عيبها ينحصر في أن بعض الطلاب قد لا يعرفون الصواب أو لا يهتمون بمعرفته.

(٣) التصحيح المختلط. هنا يقوم المعلم بكتابة الصواب البديل أحياناً وكتابة الرمز الدال على نوعية الخطأ أحياناً.

ما بعد تصحيح الكتابة الحرة:

بعد أن يقوم المعلم بتصحيح الفقرة أو المقال، يحسن به أن يقوم بما يلي:

(١) يعيد المعلم الأوراق أو الدفاتر إلى الطلاب.

(٢) يطلع كل طالب على أخطائه وتصويباتها.

(٣) يتناقش المعلم مع طلابه بشأن أخطائهم، وخاصة الأخطاء الشائعة.

(٤) يعيد المعلم تعليم طلابه بعض المفاهيم الرئيسية أو التراكيب الرئيسية التي كثرت أخطاؤهم فيها.

(٥) يعيد كل طالب كتابة الفقرة أو المقال خالياً من الأخطاء حسب توجيهات المعلم وتصحيحاته.

مناقشة

١. كيف يمكن تطبيق مبدأ التدريج في الكتابة؟

٢. أعط عشرين تمريناً مختلفاً من تمرينات الكتابة المفيدة. واجعل كل تمرين يحتوي على جملتين على الأقل.

٣. أعط بعض قواعد الإملاء الخاصة بالهمزة والألف الممدودة والألف المقصورة والتاء المربوطة والتاء المفتوحة مع الأمثلة.

٤. ما صفات الفقرة الجيدة؟

٥. اكتب فقرة نموذجية عن أي موضوع تختاره. بين كيف حققت وحدتها وتماسكها.

٦. جهز مخططاً لمقال من ثلاث فقرات عن أي موضوع تختاره. اجعل المخطط يبين الفكرة الرئيسية لكل فقرة والأفكار الثانوية والأفكار الثالثية.

الفصل السابع

الاختبارات اللغوية

تلعب الاختبارات دوراً هاماً في التعليم. ولهذا، فإن الاختبار الجيد أساسي للتعليم الجيد والتعلم الجيد. ولقد تبين دائماً أن المعلمين والطلاب يركزون على ما تركز عليه الاختبارات. فإذا كان هناك خلل ما في نظام الاختبارات. فإن هذا ينعكس بسرعة على التعليم والتعلم معاً.

وظائف الاختبارات:

للاختبارات وظائف عديدة منها:

1- **قياس تحصيل الطلاب.**
2- **تقييم المعلم لنجاحه في التعليم.**
3- **التجريب لمعرفة أية الأساليب التدريسية أفضل.**
4- **ترفيع الطلاب من صف إلى آخر.**
5- **إعلام الوالدين بمستوى أبنائهم.**
6- **تشخيص نقاط الضعف لدى الطلاب.**
7- **تجميع الطلاب في فئات متجانسة.**
8- **حفز الطلاب على الدراسة.**
9- **التنبؤ بقدرة الطالب على السير في برنامج دراسي ما.**

١٠- فرز الطلاب إلى مقبول وغير مقبول للالتحاق ببرنامج ما.

ومن المعروف أن الاختبار الواحد قد تكون له عدة وظائف في آن واحد.

أنواع الاختبارات:

إن للاختبارات أنواعاً متباينة منها:

١. الاختبار الموضوعي. وهو اختبار لا يختلف في تقييم إجاباته مهما تعدد المقيمون مثال ذلك اختبار الاختيار من متعدد واختبار الصواب والخطأ.

٢. الاختبار الذاتي. وهو اختبار تعتمد الدرجة فيه على تقدير المصحح. ومثال ذلك اختبار المقال.

٣. اختبار السرعة. وهو اختبار يقيس سرعة الأداء وتكون فيه الأسئلة أطول من الوقت المتاح.

٤. اختبار التحصيل. وهو اختبار يهدف إلى قياس مدى التحصيل. ولذا يعطى الطالب وقتاً كافياً للإجابة.

٥. الاختبار العام. وهو اختبار ينظم على مستوى البلد كله في وقت واحد.

٦. الاختبار المدرسي. وهو اختبار ينظم على مستوى الصف الواحد أو المدرسة الواحدة.

٧. الاختبار الكتابي. وهو اختبار يقدم فيه الطالب الإجابات مكتوبة.

٨. الاختبار الشفهي. وهو اختبار يقدم فيه الطالب الإجابات شفهياً.

٩. الاختبار المعلن. وهو اختبار يتم تحديد موعده ومادته ومكانه سلفاً.

١٠. الاختبار الفجائي. وهو اختبار لا يسبقه تحديد موعد.

١١. الاختبار الصفي. وهو اختبار يجرى في غرفة الصف.

١٢. الاختبار البيتي. وهو اختبار يجيب عليه الطالب في البيت.

١٣. اختبار الكتاب المغلق. وهو اختبار يجيب عليه الطالب وكتابه مغلق، أي لا يسمح له بالاستعانة بكتاب.

١٤. اختبار الكتاب المفتوح. وهو اختبار يجيب عليه الطالب وكتابه مفتوح يسمح له باستخدامه.

مادة الاختبار:

إن اختبارات اللغة تقيس مهارات متنوعة منها:

(١) النطق. يختبر الطالب في التعرف على أصوات اللغة ونطقها.

(٢) القواعد. يختبر الطالب في فهم تراكيب اللغة وتكوينها.

(٣) المفردات. يختبر الطالب في فهم كلمات اللغة وتعرفها وتذكرها.

(٤) التهجئة. يختبر الطالب في قدرته على كتابة الكلمات كتابة صحيحة.

(٥) الخط. يختبر الطالب في قدرته على كتابة حروف اللغة كتابة سليمة.

(٦) فهم المسموع. يختبر الطالب في قدرته على فهم ما يسمع.

(٧) فهم المقروء. يختبر الطالب في قدرته على فهم ما يقرأ.

(٨) الكتابة. يختبر الطالب في قدرته على الكتابة المقيدة والكتابة الحرة.

(٩) التلخيص. يختبر الطالب في قدرته على تلخيص الأفكار الرئيسية في نص ما.

(١٠) الترجمة. يختبر الطالب في قدرته على الترجمة من اللغة المستهدفة إلى لغة الطالب الأولى وبالعكس.

(١١) الترقيم. يختبر الطالب في قدرته على ترقيم نص ما.

(١٢) التعبير الشفوي. يختبر الطالب في قدرته على الكلام أو المحادثة.

اختبارات الأصوات:

من الممكن أن يختبر النطق بعدة طرق منها:

(١) القراءة الجهرية. يطلب المعلم من الطالب أن يقرأ مجموعة من الكلمات أو الجمل أو فقرة. ومن الأفضل استخدام عدد محدود من الكلمات ليعطى الطالب درجة معينة على كل كلمة ينطقها نطقاً سليماً ويخسر هذه الدرجة إذا أخطأ في نطق الكلمة.

(٢) التمييز بين الثنائيات. يستمع الطالب إلى المعلم أو شريط تسجيل ويطلب منه الحكم إذا كانت الثنائية التي سمعها تدل على كلمتين مختلفتين أو تدل على الكلمة ذاتها مكررة مرتين. مثال ذلك: يقول الملعم (سال صال)، فيجيب الطالب (مختلفتان)

وإذا قال المعلم (صَالَ صَالَ)، فيجيب الطالب (متماثلتان). ويركز مثل هذا الاختبار على الأصوات المشكلة لدى الطالب.

(٣) نطق الثنائيات. تقدم للطالب مجموعة من الثنائيات الصغرى مكتوبة، ويطلب منه أن ينطقها مثنى مثنى ليقيم المعلم قدرته على التفريق بين الأصوات عند نطقها.

(٤) الكتابة الصوتية. في المراحل العليا، من الممكن أن يطلب من المتعلم أن يكتب جملة كتابة فونيمية أو كتابة صوتية.

اختبارات التراكيب:

من الممكن اختبار التراكيب اللغوية بعدة طرق منها:

(١) تعديل الصيغة. يطلب هنا أن يعدل الطالب الصيغة التي بين قوسين بما يتناسب مع الجملة. مثال ذلك: (يأتي) الولد أمس.

(٢) ملء الفراغ. ضع الكلمة المناسبة في الفراغ المبين. مثال ذلك: أراد الرجل ــ يتعلم.

(٣) الدمج. ادمج الجملتين الآتيتين في جملة واحدة. مثال ذلك: جاء الولد + الولد هو صديقك.

(٤) كشف الخطأ. ضع خطأ تحت الخطأ فيما يلي ثم صحح الجملة. مثال ذلك: كان جرى فوقع في الماء.

(٥) إكمال الجملة. أكمل الجملة الآتية. مثال ذلك: إن تدرس ــ

(٦) الإعراب. أعرب الجملة الآتية أو أعرب ما تحته خط.

(٧) التحويل: حول هذه الجملة من الماضي إلى المضارع أو من المفرد إلى الجمع أو من المتكلمة إلى المخاطب أو من المثنى إلى المفرد أو من المذكر إلى المؤنث أو من المبني للمعلوم إلى المبني للمجهول.

(٨) الاختيار من متعدد. اختر الجواب الصحيح مما يلي مثال ذلك: الولد يكتب درسه. الولد هو: أ ـ فاعل. ب ـ مفعول به. جـ ـ مبتدأ. د ـ خبر.

(٩) التعويض: ضع الكلمة الآتية بدلاً من الكلمة المناسبة في الجملة الآتية أو الفقرة الآتية محدثاً اللازمة. مثال ذلك: الولد كتب درسه / (الولدان).

(١٠) إعادة الترتيب. أعد ترتيب هذه الكلمات لتكون منها جملة. مثال ذلك: أباه، البيت، وجد، الطفل.

اختبارات المفردات:

من الممكن اختبار المفردات بعدة طرق منها:

(١) الاختيار من متعدد. اختر واحدة من الكلمات الأربع لتناسب الفراغ في الجملة الآتية. مثال ذلك: أكل الولد ـــ (الشراب، الطعام، الكتاب، الماء).

(٢) المترادفات. أعط كلمة أخرى ترادف الكلمة الآتية في المعنى.

(٣) الشرح. اشرح معنى كل كلمة مما يلي.

(٤) الأضداد. أعط كلمة تضاد الكلمة الآتية في المعنى.

(٥) الاشتقاق. اشتق اسم الفاعل أو اسم المفعول أو الصفة المشبهة أو المصدر أو اسم المكان أو اسم الزمان أو اسم الآلة أو صيغة المبالغة من الكلمات الآتية.

(٦) التزاوج. اختر من القائمة الثانية كلمة تقارب نظيرة لها في المعنى في القائمة الأولى.

(٧) ملء الفراغ. املأ الفراغ في الجملة الآتية بالكلمة المناسبة.

(٨) ملء الفراغ المعان. املأ الفراغ في الجملة الآتية بكلمة مناسبة مذكور أول حرف منها أو آخر حرف منها أو عدد حروفها أو أول حرف وآخر حرف منها.

اختبارات التهجئة:

يمكن اختبار التهجئة بعدة طرق منها:

(١) الإملاء. يقوم المعلم بإملاء كلمات مختارة أو جمل متفرقة أو فقرة كاملة على الطلاب.

(٢) كشف الخطأ. تقدم للطالب نصوص مكتوبة بها أخطاء إملائية ويطلب منه اكتشافها فقط بوضع خط تحت الخطأ أو اكتشافها وتصحيحها.

(٣) الاختيار من متعدد. تقدم للطالب مجموعات من الكلمات، كل مجموعة تحتوي على أربع كلمات واحدة منها خطأ. ويطلب منه اكتشاف الخطأ أو اكتشافه وتصحيحه. ويمكن أن تتكون المجموعة من أربع كلمات واحدة منها صواب يطلب منه اكتشافها.

(٤) الحرف المحذوف. يطلب من المتعلم أن يضيف الحرف المحذوف من كل

كلمة. وقد ينص السؤال على إضافة حرف العلة المحذوف أو إضافة الحرف الصحيح المحذوف أو إضافة واحد من عدة حروف محددة. وقد ينص السؤال على إضافة حرف واحد إذا كان ذلك ضرورياً.

(٥) الاشتقاق. اشتق اسم الفاعل أو اسم المفعول من الفعل الآتي. مثال ذلك: سأل.

(٦) الدمج. ادمج الكلمتين في كلمة واحدة إذا كان الدمج ضرورياً. مثال ذلك: أن + لا.

(٧) أحكام التهجئة. يسأل الطالب عن قواعد الإملاء مثل قاعدة الهمزة أو الألف الممدودة والمقصورة أو التاء المربوطة والتاء المفتوحة.

اختبارات الخط:

من الممكن اختبار مهارة الخط بعدة طرق منها:

(١) النسخ. يطلب من المتعلم أن ينسخ أسطراً من كتاب أو يقلد أسطراً في دفتر الخط.

(٢) الإملاء. يملي المعلم على الطالب بعض الجمل فيقيم خطه.

اختبارات الاستيعاب:

من الممكن أن يختبر الاستيعاب بعدة طرق منها:

(١) الاستماع إلى فقرة أو مقال أو قصة من المعلم.

(٢) الاستماع إلى شريط تسجيل.

(٣) مشاهدة فيلم سينمائي أو تليفزيوني.

(٤) قراءة نص مكتوب.

وبعد الاستماع أو المشاهدة أو القراءة، من الممكن أن يتخذ الاختبار عدة أشكال منها:

(١) الأسئلة. توجه إلى الطالب أسئلة كتابية أو شفهية يجيب عنها الطالب كتابياً أو شفهياً. وبالطبع تتعلق الأسئلة بالنص موضع الاختبار.

(٢) الاختيار من متعدد. توجه إلى الطالب أسئلة وتوضع لكل سؤال عدة أجوبة واحد منها فقط صحيح. وعلى الطالب أن يتعرف على هذا الجواب الصحيح. ويفضل أن يكون عدد الأجوبة لكل سؤال أربعة.

(٣) الصواب والخطأ. يطلب من الطالب أن يقرر هل الجملة صواب أم خطأ وفقاً للنص الذي سمعه أو قرأه. ومن الممكن أن يطلب منه خيار ثالث هو (غير معلوم) إذا كان النص لا يبين إذا كانت الجملة صواباً أو خطأ.

(٤) ملء الفراغ. تقدم جمل ذات علاقة بالنص وتحذف من كل جملة كلمة. يطلب من الطالب أن يضيف الكلمة المحذوفة وفقاً لما يتطلبه النص موضع الاختبار.

(٥) المزاوجة. يعطى الطالب قائمتين من الكلمات أو الأشخاص أو الأحداث. ويطلب منه أن يزاوج كل كلمة في القائمة الأولى بما يناسبها من القائمة الثانية في ضوء ما فهم من النص.

(٦) الترتيب. تعرض قائمة من الجمل مأخوذة من النص دون تعديل أو بتعديل طفيف في الصياغة. ويطلب من الطالب أن يرتبها وفقاً لتسلسل حدوثها الزمني كما يفيد النص.

(٧) التلخيص. يطلب من الطالب أن يلخص ما فهم من النص المسموع أو المقروء.

اختبارات الكتابة الحرة:

تختبر الكتابة الحرة بعدة طرق منها:

(١) يكتب الطالب في موضوع معين دون أية قيود من حيث الشكل أو الكمية ودون أي عون.

(٢) يكتب الطالب في موضوع معين ويعطى الجملة الرئيسية لكل فقرة بحيث يتحدد اتجاه كتابته من حيث المحتوى.

(٣) يكتب الطالب في موضوع معين مع وضع قيود على عدد الفقرات أو عدد الأسطر أو عدد الكلمات أو عدد الجمل.

(٤) يكتب الطالب في موضوع معين بعد أن يزود بمخطط يحصر الأفكار الرئيسية والأفكار الثانوية والأفكار الثالثية في كل فقرة.

اختبارات التلخيص:

يجري اختبار التلخيص بعدة طرق منها:

(١) يقرأ الطلاب النص ثم يطلب منهم أن يجيبوا عن مجموعة من الأسئلة المتعلقة بالنص. وتكون الأسئلة منتقاة ومرتبة بطريقة تجعل من الإجابات تلخيصاً للنص. وتكتب الإجابات متتالية بحيث تشكل فقرة. ولا تستخدم في هذه الحالة أسئلة تجاب بنعم أو لا. كما توضح حدود كمية للإجابات بحيث لا يزيد عدد كلمات كل منها أو عدد كلماتها جميعاً عن عدد معين من الكلمات.

(٢) يقدم للطالب سؤال واحد شامل يكون الجواب عليه تلخيصاً وافياً لأهم النقاط التي وردت في النص المراد تلخيصه. وتوضع أيضاً حدودٌ كمية للجواب على شكل عدد معين من الكلمات ينبغي عدم تجاوزه.

(٣) يطلب من الطالب أن يلخص النص إلى الثلث أو الربع أو ضمن حد أقصى من عدد الكلمات.

اختبارات الترجمة:

تختبر الترجمة بعدة طرق منها:

(١) يطلب من الطالب أن يترجم من اللغة العربية إلى لغته الأولى.

(٢) يطلب منه أن يترجم من لغته الأولى إلى اللغة العربية.

(٣) يعطى الطالب فقرة للترجمة أو جملاً متفرقة.

اختبارات الترقيم:

يقصد بالترقيم إضافة النقط والفواصل وعلامات الاستفهام والتعجب وما إلى ذلك. ويختبر الترقيم بعدة طرق منها:

(١) تقدم إلى الطالب فقرة أو جمل متفرقة تخلو من نوع معين من علامات الترقيم. ويطلب من الطالب إضافة علامة ترقيم معينة حيثما يلزم. مثال ذلك إضافة الفاصلة حيثما يلزم.

(٢) تقدم إلى الطالب فقرة أو جمل متفرقة خالية من أية علامات ترقيم. ويطلب من الطالب أن يضيف علامات الترقيم اللازمة.

(٣) يطلب من الطالب أن يضيف عدداً معيناً من علامات الترقيم. مثال ذلك: أضف

همس علامات ترقيم محذوفة من الفقرة الآتية.

(٤) يطلب من الطالب أن يضيف عدداً معيناً من نوع معين من علامات الترقيم. مثال ذلك: أضف خمس فواصل إلى الفقرة الآتية حيثما يكون ذلك ضرورياً.

(٥) يطلب من الطالب أن يضيف علامات الترقيم المناسبة في مواقع محددة في الفقرة. ويبين الموقع المراد بوضع دائرة أو خط عمودي أو خط مائل.

اختبارات التعبير الشفهي:

يختبر التعبير الشفهي بعدة طرق منها:

(١) يطلب من الطالب أن يتحدث عن موضوع مألوف لديه. ويقيم على أساس الطلاقة والصحة.

(٢) توجه إلى الطالب أسئلة كتابية أو شفهية تتطلب إجابات شفهية قصيرة.

(٣) من الممكن أن تكون الأسئلة مسجلة على شريط ويترك بين كل سؤال وآخر وقت كاف للإجابة. وتضمن هذه الطريقة تساوي جميع الطلاب في عامل الوقت وطريقة الاستماع إلى السؤال.

(٤) تقدم إلى الطالب صورة يطلب منه أن يعلق عليها شفهياً في وقت محدد.

(٥) يشترك طالباً أو أكثر في محاورة شفهية حول موضوع معين أو في محادثة حرة.

إعداد الاختبار:

عند إعداد الاختبار، يحسن بالمعلم أن يراعي ما يلي:

(١) لابد من تحديد هدف الاختيار أولاً.

(٢) يجب أن يتقيد كل سؤال بهدف الاختبار المحدد.

(٣) يعطى للاختبار الوقت الكافي له.

(٤)توضع الأسئلة السهلة في بداية الاختبار.

(٥) يحتوي الاختبار على أسئلة متفاوتة في درجة الصعوبة.

(٦) يحدد المعلم سلفاً وزن الاختبار بالنسبة لسواه من الاختبارات.

(٧) يحدد المعلم سلفاً درجة كل سؤال في الاختبار. ومن الأفضل أن تظهر هذه الدرجة على ورقة الأسئلة التي توزع على الطلاب.

(٨) يتحاشى المعلم ما أمكنه ذلك الأسئلة التي تقود إلى التخمين الأعمى.

(٩) يمثل الاختبار أكبر قدر ممكن من المادة موضع الاختبار.

(١٠) إذا كانت هناك عقوبات على الإجابات الخاطئة، فعلى المعلم أن يذكر هذا للطلاب قبل أن يبدؤوا بالإجابة.

إعطاء الاختبار:

عندما يعطي المعلم الاختبار، يحسب به أن يراعي ما يلي:

(١) يعطي بعض التعليمات قبل توزيع أوراق الأسئلة.

(٢) يعطي باقي التعليمات بعد توزيع أوراق الأسئلة مباشرة.

(٣) يعطي مهلة لا تزيد عن خمس دقائق للاستفسارات. وبعدها لا يسمح لأي طالب بالاستفسار حفظاً للهدوء.

(٤) يخبر الطلاب عن عقوبات التخمسين الأعمى إذا كان سيفرض مثل هذه العقوبات.

(٥) لا يقدم للطلاب أية مساعدة أثناء الاختبار، لأن مثل هذه المساعدة تقدم قبل الاختبار وبعده لا في أثنائه.

وعلى المعلم أن يقي الطلاب من الغش وأن يمنعهم منه. ولتحقيق ذلك من الممكن اتباع ما يلي:

(١) يبعد المعلم مقاعد الطلاب عن بعضها البعض بقدر ما تسمح مساحة الغرفة.

(٢) يستخدم المعلم اختبارين متوازيين، أي متساويين في الصعوبة متشابهين في المحتوى

(٣) يستخدم المعلم شكلين من الاختبار الواحد عن طريق استخدام نفس الأسئلة مرتبة بطريقتين مختلفتين.

(٤) يقف المعلم أمام الطلاب، لا وسطهم ولا خلفهم.

(٥) ينبه المعلم الطلاب إلى سوء عاقبة الغش.

(٦) يطلب المعلم من الطلاب إبعاد كل ما له علاقة بالمادة الدراسية.

(٧) يعاقب المعلم الطالب الذي يغش أو يحاول الغش أو يساعد على الغش عقاباً فورياً حازماً وعادلاً.

الاختبار الجيد:

يشترط في الاختبار الجيد ما يلي:

(١) الصدق. الاختبار الصادق هو الاختبار الذي يقيس ما يدعي أنه يقيسه. فإذا كان الاختبار يهدف إلى قياس الاستيعاب فلا يصح أن يحتوي على أسئلة تقيس الإملاء أو النحو.

(٢) الثبات. الاختبار الثابت هو الاختبار الذي إذا أخذه الطلاب أنفسهم مرة ثانية بعد مدة معقولة حصلوا على الدرجات ذاتها أو درجات قريبة من درجاتهم في المرة الأولى. أما إذا حصل فرق كبير بين الدرجات الأولى والدرجات الثانية، فإن هذا يدل على وجود خلل ما في الاختبار.

(٣) سهولة التدريج. الاختبار الجيد يكون سهل التدريج لا يستغرق من وقت المعلم عشرات الساعات.

(٤) التمثيل. الاختبار الجيد يمثل المادة الدراسية التي يختبرها تمثيلاً جيداً. وهذا

يستلزم زيادة عدد الأسئلة، إذ كلما زاد عدد الأسئلة كان ذلك أقرب إلى التمثيل في أغلب الحالات.

(٥) التمييز. الاختبار الجيد يميز بين مستويات الطلاب المختلفة. فالاختبار الذي يأخذ فيه جميع الطلاب صفراً أو مئة أو درجة موحدة ليس اختباراً مميزاً، وليس هو بالاختبار المطلوب.

(٦) الزمن. الاختبار الجيد يعطي الوقت الأمثل لإجابة الطالب. فالوقت الزائد أو الوقت الناقص يضر بجودة الاختبار.

مناقشة

(١) ما هي أهداف اختبارات اللغة؟

(٢) اعمل اختباراً يشمل جميع المهارات اللغوية الأساسية والفرعية تستغرق الإجابة عليه ساعتين من الزمن على الأقل ويحتوي على مئة وعشرين بنداً.

(٣) ما هي منافع ومساوئ كل نوع مما يلي: اختبارات الصواب والخطأ، اختبارات المزاوجة، اختبارات الاختيار من متعدد؟

(٤) ما رأيك في معاقبة الطالب على إجاباته الخاطئة في اختبار الاختيار من متعدد؟

(٥) تناول اختباراً لغوياً مسبق الإعداد وقيمه من حيث الشكل والمحتوى والصدق والثبات وسهولة التصحيح.

(٦) بالنسبة لاختبارات المهارات اللغوية المختلفة، أي منها يقيس مهارة واحدة فقط وأي منها يقيس عدة مهارات؟

الفصل الثامن

الوسائل المعينة

من الضروري أن يستفيد المعلم من الوسائل المعينة في التدريس عموماً وتدريس اللغة خصوصاً. وتنقسم الوسائل إلى ثلاثة أنواع:

(١) وسائل سمعية، مثل الشريط المسجل والراديو.

(٢) وسائل بصرية، مثل اللوحات والصور.

(٣) وسائل سمعية بصرية، مثل الأفلام الناطقة.

السبورة:

تقدم السبورة عوناً كبيراً في مجالات مختلفة منها:

(١) يكتب المعلم على السبورة التاريخ ورقم الدرس والصفحة التي سيدرسها.

(٢) يكتب المعلم الكلمات الجديدة ومعانيها على السبورة.

(٣) يكتب المعلم التراكيب الجديدة على السبورة.

(٤) يكتب المعلم الأسئلة بقصد التمرين أو الاختبار.

(٥) يكتب المعلم الإجابات النموذجية على السبورة.

(٦) يكتب المعلم الواجب البيتي على السبورة.

(٧) يستخدم المعلم السبورة للكتابة النموذجية.

(٨) يستخدم المعلم السبورة لرسم الأشكال بقصد التوضيح.

(٩) يستخدم الطلاب السبورة في المسابقات أو أي أغراض تعليمية أخرى.

وللسبورة مزايا عديدة منها:

(١)   السبورة توجد في كل غرفة صف.

(٢)   السبورة زهيدة التكلفة.

(٣)   السبورة خالية من التعقيد التقني فيسهل استعمالها على كل معلم.

(٤)   السبورة تكاليف صيانتها زهيدة.

(٥)   تستخدم السبورة لعدة أغراض.

(٦)   لا يستدعي استخدامها سوى توفر الطباشير والمساحة.

ولحسن استخدام السبورة، على المعلم أن يراعي ما يلي:

(١)   يقسم المعلم السبورة إلى أقسام يستخدمها بترتيب وعناية.

(٢)   يستخدم المعلم الطباشير الملونة لهدف محدد، لا لمجرد التلوين والزخرفة.

(٣)   يكتب المعلم على السبورة بضغط كاف حتى يكون الخط واضحاً.

(٤)   يكون حجم الحروف كبيراً حتى يراها كل طالب في الصف بسهولة.

الصور:

الصور وسيلة بصرية تخدم أهدافاً عديدة منها:

١.   تجمع الصورة عيون الطلاب على منظر واحد في وقت واحد.

٢.   تستخدم الصور في تعليم معاني الكلمات عن طريق الاقتران المباشر بين الكلمة والصورة.

٣.   تستخدم الصورة لتكون محور محادثة أو أية نشاطات شفوية أخرى.

٤.   تستخدم الصور في تدريبات التعويض بدلاً من الكلمات.

٥.   تستخدم الصور لتوضيح استعمال بعض التراكيب اللغوية.

٦. تستخدم الصورة لتكون محور كتابة وصفية أو قصصية.

٧. تستخدم الصورة لتوضيح محتوى مقال أو قصة.

٨. تخلق الصورة جواً جديداً في الصف وتصبح مصدراً للتنويع والتشويق.

وعند استخدام الصورة، يحسن بالمعلم أن يراعي ما يلي:

(١) لا يشترط في الصورة أن تكون مطبوعة، إذ يمكن أن تكون من صنع المعلم أو الطلاب.

(٢) الصورة البسيطة أفضل من الصورة كثيرة التفاصيل.

(٣) إذا توفر الشيء المحسوس نفسه، فهو أفضل من الصورة.

(٤) يجب أن يكون حجم الصورة كبيراً بحيث يراها كل طالب في الصف بوضوح.

(٥) يجب ألا يبالغ المعلم في استعمال الصور.

البطاقات الومضية:

البطاقة الومضية وسيلة بصرية تستخدم لتعليم القراءة للمبتدئين ولتحسين سرعتهم القرائية. وهذه البطاقات ذات أحجام وألوان مختلفة تكتب كلمات أو جمل أو أشباه جمل على وجه واحد منها أو على كلا الوجهين. ترى البطاقة للصف لثوان قليلة ثم تخفى ويطلب منهم أن يقولوا ما قرؤوا على البطاقة.

وتساعد هذه البطاقات من عدة نواح، منها:

(١) تدرب الطالب على توسيع المدى البصري بحيث يلتقط أكبر كمية ممكنة من الكلمات في نظرة واحدة.

(٢) تتحسن تبعاً لذلك سرعة الطالب في القراءة.

(٣) تخلق في الصف نوعاً من المنافسة المرغوبة حيث يحاول كل طالب أن ينجح في قراءة ما رأى.

(٤) تخلق في الصف جواً من المرح والتنويع مما يزيد في التشويق وحوافز التعلم.

اللوحات:

اللوحة وسيلة بصرية تستخدم لعرض أو تثبيت المادة التعليمية، إذ قد تكتب عليها حروف الألفباء العربية أو كلمات مختارة أو مصطلحات معينة أو حكم وأمثال أو جمل أو أيام الأسبوع أو فصول السنة أو شهور السنة.

وتقوم اللوحات بالوظائف الآتية:

(١) تساعد على تثبيت المادة في ذهن الطالب عن طريق عرضها أمامه على حائط غرفة الصف لمدة أسبوع واحد أو أكثر. وتدعى حينئذ لوحات الحائط.

(٢) من الممكن استخدام قوائم الكلمات المكتوبة على اللوحات في تدريبات التعويض. فيشير المعلم إلى الكلمة ويقوم الطالب بالتعويض المطلوب.

(٣) من الممكن استخدام المادة المكتوبة على اللوحات لأغراض القراءة والمراجعة من حين لآخر.

(٤) تساعد اللوحات الطلاب على تحقيق ذواتهم إذا اشتركوا هم في صنعها بإشراف المعلم.

(٥) من الممكن استخدام اللوحات لتلخيص بعض أحكام الإملاء أو النحو.

ويشترط في اللوحة الجيدة ما يلي:

(١) أن تكون كبيرة الحجم لترى بوضوح من أي مكان في غرفة الصف.

(٢) أن تكون الكتابة التي عليها كبيرة الحجم لنفس السبب.

(٣) أن تكون جذابة واضحة.

أشرطة التسجيل:

أشرطة التسجيل وسيلة سمعية تخدم عدة أهداف منها:

(١) تسجل على الأشرطة نماذج من قراءة اللغة العربية وتكلمها بصوت أبناء هذه اللغة. فيستمع إليها الطلاب ليلتقطوا النطق الصحيح والتنغيم الصحيح.

(٢) تسجل على الشريط جمل بين كل جملة والأخرى وقوف يكفي ليردد الطالب الجملة بعد أن يسمعها. ويفيد هذا في التدريب على التراكيب اللغوية.

(٣) تسجل على الشريط أسئلة يجيب عنها الطالب شفهياً أو كتابياً. ويكون هناك وقوف كاف بين كل سؤال وسؤال.

(٤) من الممكن استخدام الشريط في فهم المسموع. فتسجل قصة أو قطعة يستمع إليها الطالب. ثم يعطى أسئلة مكتوبة أو مسجلة لقياس مدى فهمه لما سمع. وقد يطلب منه أن يكتب ملخصاً لما سمع.

وعند استخدام الأشرطة، يحسن بالمعلم مراعاة ما يلي:

(١) يجب ألا يبالغ المعلم في استخدام الأشرطة لأن ذلك سيكون على حساب مهارات أخرى هناك.

(٢) ليست الأشرطة الطريقة المثلى للتعلم لدى جميع الطلاب. فالطالب المتوسط يفضل التعلم عبر العين على التعلم عبر الأذن. وبالطبع تعلم اللغة يحتاج استخدام العين والأذن معاً، بل والسان أيضاً.

(٣) يجب أن تكون مادة التسجيل واضحة. وإلا فإن الاستماع إليها سيكون مجرد مضيعة للوقت والجهد.

(٤) إذا قام بالتسجيل ناطق باللغة العربية، فعليه ملاحظة أن سرعته في الكلام ستكون صعة على متعلم العربية من غير الناطقين بها. ولذا فإن عليه أن يهدئ من سرعته قليلاً

ليكون بإمكان الطالب أن يفهم أو أن يكرر من بعده.

(٥) إذا كانت الجمل مسجلة بقصد التكرار، فيجب أن تكون قصيرة حتى يستطيع الطالب أن يكرر بعد أن يسمع. وإذا كانت الجملة طويلة، فيجب تقسيمها إلى أجزاء بينها وقفات يتم خلالها التكرار.

(٦) يجب أن تكون الوقفات بين الجمل المسجلة كافية من حيث الطول الزمني للتكرار الذي سيقوم به الطالب.

وسائل أخرى:

هناك وسائل أخرى عديدة، ولكنها ليست متوفرة دائماً. ومنها ما يلي:

(١) الشرائح.

(٢) المسلاط المعتم.

(٣) المسلاط الفورأسي.

(٤) الأفلام السينمائية.

(٥) المذياع.

(٦) التلفزيون.

(٧) الشريط المصور، أي الفيلم الثابت.

مناقشة

(١) ما هي الوسائل التي يمكن أن يصنعها الطلاب بإشراف المعلم؟

(٢) ما هي استخدامات كل ما يلي: أشرطة التسجيل، اللوحات، السبورة، البطاقات الومضية؟

(٣) ما هي مواصفات كل ما يلي: الأشرطة الجيدة، اللوحات الجيدة، البطاقات الومضية الجيدة، الصور الجيدة؟

مراجع مختارة

الحصري، ساطع. أصول تدريس اللغة العربية. بيروت: دار الغندور للطباعة.

الخولي، د. محمد علي. التراكيب الشائعة في اللغة العربية. الرياض: دار العلوم.

الخولي، د. محمد علي. تعلم الإملاء بنفسك. الرياض: دار العلوم.

الخولي، د. محمد علي. دراسات لغوية. الرياض: دار العلوم.

قورةن د. حسين سليمان. تعليم اللغة العربية. القاهرة: دار المعارف.

مجاور، د. محمد صلاح الدين. تدريس اللغة العربية. القاهرة: دار المعارف.

Abererembie. David. Problems and privciples in language study . London: Longmans. Green and co. ltd.

Akin, johnnye, et al (compilers). Language behaviour. The hague, the netheriands: mouton and co. n. v.

Allen, Harold b., ed. Teaching English as asecond language. New york: mcgraw- hill book company.

....., ed . readings in applied English linguistics. Second ed. New york: Appleton. Century- crofts.

Anderson, john m. the grammar of case. Combridge: Cambridge university press.

Bach, emmon. An introduction to transformational grammars. New york: holt. Rinehart, and Winston, inc.

...... and harms, rorebt t., ed. Universals in linguistic theory. London: holt Rinehart and Winston.

Brooks, nelson. Language and language learning. Second ed. New york: Harcourt, brace and world. Inc.

Bumpass, faye l. teaching young students English as a foreign language. New york: American book company.

Carroll, john p. the study of language. Combridge, Massachusetts: Harvard university press.

Cecco, john p. the psychology of language, thought, and instruction. New york: holt, Rinehart and Winston.

...... the psychology of learning and instruction. Englewood cliffs, n. j.: prentice-hall, inc.

Chafe, Wallace l. meaning and the structure of language. Chicago: the university of Chicago press.

Chomsky. Noam. Aspects of the theory of syntax. Cambridge. Massachusetts: the m. i. t. press.

..... syntactic structures. The hague: mouton and co..

..... language and mind. Enlarged ed. New york: Harcourt, brace, Jovanovich, inc..

Clark, Donald h., ed. The psychology of education. New york: the free press.

Close, r. a. English as a foreign language. London: george allen and unwin. Cook, walter a. introduction to tagmemic analysis. New york: holt, Rinehart and Winston.

Crow, lester d., and crow, alice. Educational psychology. Revised ed. New york: American book co.

Dacanay. F. r. techniques and procedures in second language teaching teaching. New york: oceana publications.

Dakin, julian, et al. language in education. London: oxford university press.

Davies, alan, ed. Language testing symposium. Second ed. London: oxford university press.

Deese, james. And hulse, stewart h. the psychology of learning. Third ed. New york: mc graw- hill, inc.

Ebel, rebert l. measuring educational achievement. Englewood cliffs, n. j.: prentice.
Hall, inc.

Erimsson, margurite, et al. foraignlanguages in the elementary school. Englewood
cliffs, n. j.: prentice- hall, inc.,

Finocchiaro, mary teaching children foreign languages. New york: mcgraw- hill
book company.

Fried, v., ed. The Prague School Of Linguistics And Language Teaching. London:
Oxford University Prass.

Cardiner, Alan. The Theory Of Speech And Language. Second Ed. Oxford: The
Clarendon Press.

Gleason, H. A. An Introduction To Descriptive Linguistics. Revised Ed. New York:
Holt, Rinehart And Winston, Inc.

Graff, willem l. language and languages. New york: Russell and Russell, inc.

Grieve, d. w. English language examining. Lagos: African university press.

Guthrie, e.e. the psychology of learning. New york: harper and brothers publishers.

Hansen, Kenneth h. high school teaching. Englewood cliffs, n. j.: prentice – hall, inc.

Harding, david h. the new pattern of language teaching. London: Longmans, green
and co, ltd.

Harrris, zellis, s. structural linguistics. Chicago: the university of Chicago press.

Harrocks, john e, and stopover, Thelma i. measurement for teachers. Cloumbus, ohio: charles e. Merrill publishing company.

Healey, f. g. foraign language teaching in the universities. Manchester: manchestar university press.

Hardon, Jeanne h. a survey of modern grammars. New york: holt, Rinehart and Winston, inc. hilgard, barnest r. theories of learning. New york: Appleton-century- crofts, inc.

Hill, Archibald a. introduction to linguistic structures. New york: Harcourt, brace and world, inc. hill, l. a. selected articles on the teaching of English as a foreign language. London: oxford university press.

Hill, wingred f. learning. Scranton, Pennsylvania: chandler publishing company. Hockett, charles f. a course in modern linguistics. New york: the macmillan company.

Howatt, Anthony p. r. programmed learning and the language teacher. London: Longmans, green and co. ltd.

Hughes, john p. the science of language. New york: random house.

Hunter, Madeline. Retention theory for teachers. El Segundo,. California: tip publications.

Hutchins, w. j. the generation of syntactic structures from a sentence base. Amsterdam: north- Holland publishing company.

Huxley, renira, and ingram, Elizabeth, ed. Language acquisition: model and methods. London: academic press.

Jakobovits. Leon a. foreign language learning. Rowley, Massachusetts: newbury house publishers.

Jalling. Hans, ed. Modern language teaching. London: oxford university press. Jersild, Arthur t. child psychology. Sixth ed. Englewood cliffs, n. j.: prentice-hall. Inc.,

Jespersen, otto. Analytic syntax. New york: holt, Rinehart and Winston, inc.,

Kadler, eric h. linguistics and teaching foreign language. New york: van nostrand reinhold company.

Kehoe, moniks, ed. Applied linguistics. New york: the macmillan company.

Kelly. L. g. centuries of language teaching. Rowley. Massachusetts: newbury house publishers.

Lado Robert, language testing. New york: mc graw – hill book company.

.... language teaching. New york: mcgraw – hill, inc.

Langacker, Ronald w. language and its structure. New york: Harcourt, brace and world, inc. lee, w.r. language. Teaching: gontests. London: oxford university press.

Lefevre, carl a. linguistics and the teaching of reading. New york: mc graw- hill book company.

Lenneberg. Eric h. biological foundations of language. New york: john wiley and sons. Inc.

Liles, b. g. an introductory transformational grammar. Englewood cliffs, n. j.: prentice- hall, inc.,

Lindquist, e. f., ed. Educational measurement Menasha. Wisconsin: george banta publishing co.

Loyns, john. Introduction to theoretical to theoretical linguistics. Cambridge: the university press.

Mackey, William francis. Language teaching analysis. London: Longmans, green and co. ltd.

Mcburney, james h., and wrage, e.j. guide to good speech. Englewood cliffs, n. j. : prentice- hall, inc.

Mclntosh, angus, and halliday, m.a. k. patterns of language. London: : Longmans, green and co. ltd.

Michael, lan. English grammatical categories. Cambridge: university press.

Miller, george a. language and communication. New york: mc graw- hill book company. Inc.

Oldfield, r.c., and marshall, j.c., ed. Language. Hammondsport. England: penguin book ltd.

Oliva. Peter f. the teaching of foreign languages. Englewood cliffs, n. j. : prentice – hall. Inc.

Osgood, charles e., and sebeok, t. a. ed. Psycholinguistics. Bloomington: Indiana university press.

Otter, h. s. a functional language examination. London: oxford university press.

Palmer, Harold e. the scientific study and teaching of languages. London: oxford university press.

Potter, simeon. Modern linguistics. London: andre deutsch limited.

Reed, carroll e., ed. The learning of language. New york: Appleton- century – crofts.

Rivers, w. m. the psychology and the foreign language teacher. Chicago: university of Chicago press.

Robins, r.h. general linguistics: an introductory survey. London: Longman group limited.

Saporta, sol, ed. Psycholinguistics. New york: hold, Rinehart and Winston, inc.

Searle, hohn r. speech acts. Cambridge: the university press.

Skinner, c. d. educational psychology. Fourth ed. Englewood cliffs, n. j.: prentice-hall, inc.

Smith, henry p. psychology in teaching. Second ed. Englewood cliffs, n.j.: prentice-hall, inc.

Sorenson, Herbert. Psychology in education. Fourth. Ed. New york: magraw- hill book company, inc.

Spencer, d. h. guided coposition exercises. London: Longman group limited.

Stack, Edward m. the language laboratory and modern language teaching. Revised ed. New york: oxford university press.

Stephens, j. m. educational psychology. Revised ed new york: holt, Rinehart and Winston.

Stern, h. h. languages and the young school child. London: oxford university press.

Sturtevant, Edgar h. an introduction to linguistic science. New haven: yale university press.

Tap, jack t., ed. Reinforcement and behaviour. New york: academic press. Wall work, j. f. language and linguistics. London: Heinemann educational books.

Woodworth, r. s., and marquis, d. g. psychology stand: Methuen and co. ltd.

1.   a dictionary of Islamic terms: English- Arabic & Arabic- English.

2.   simplified English grammar a

3.   dictionary of education: English- Arabic

4.   a dictionary of theoretical linguistics: English- Arabic.

5.   a dictionary of applied linguistics: English – Arabic

6.   teaching English to Arab students

7.   a workbook for English teaching practice

8.   programmed tell methodology

9.   the teacher of English

10. improve your English

11. a workbook for English

12. advance your English

13. an introduction to linguistics

14. comparative linguistics: English and Arabic

15. a contrastive transformational grammar: English- Arabic

16. the light of islam

17. the need for islam

18. traditions of prophet Muhammad \ b1

19.   traditions of prophet Muhammad \ b2

20. the truth about jesus Christ

21. islam and Christianity

22. questions and answers about islam.

23. learn Arabic by yourself

24. the blessing of islam

25. why have they chosen islam?

26. the crisis of western civilization

27. a coparison between the four gospels

٢٨. دليل الطالب في التربية العملية

٢٩. الأصوات اللغوية

٣٠. تعليم اللغة

٣١. الحياة مع لغتين

٣٢. تعلم الإملاء بنفسك

٣٣. المهارات الدراسية

٣٤. أساليب تدريس اللغة العربية

٣٥. دراسات لغوية

٣٦. معجم علم الأصوات (عربي - عربي)

٣٧. التراكيب الشائعة في اللغة العربية

٣٨. قواعد تحويلية للغة العربية

٣٩. مدخل إلى علم اللغة

٤٠. كيف تكتب بحثاً

٤١. الاختبارات التحصيلية

٤٢. حقيقة عيسى المسيح

٤٣. مقارنة بين الأناجيل الأربعة

٤٤. البريق الزائف للحضارة الغربية

٤٥. التحريف في التوراة

٤٦. اليهود من كتابهم

٤٧. الإسلام والنصرانية: دراسة مقارنة